영화 팬, 각본가, 작가들을 위한

짧지만 위대한 명대사

JAMES SCHEIBLI 지음 / 임태현 옮김

MOVIE QUOTES FOR ALL OCCASIONS

INVENTION

보고 싶지 않은 걸 나 때문에 수없이 봐야 했던 가족에게
〈멀홀랜드 드라이브〉까지 보게 하려 했던 건 분명 내 잘못이야.

그리고 제시, 이미 오래 전 따왔어야 하는 대사를 이제야 당신에게 바칠게.

"결혼해 줄래?"

— 제로 무스타파(토니 레볼로리),
〈그랜드 부다페스트 호텔 The Grand Budapest Hotel〉(2014)

CONTENTS

★★★★★

서문

FOREWORD

팬과 그들이 사랑하는 영화 사이에는 특별한 관계가 존재합니다. 진정한 팬들에게 영화는 선반 위의 DVD 플라스틱 케이스나 아이튠즈 플레이리스트 이상의 무언가로 다가옵니다. 그들에게 영화는 정체성의 일부이자 세상을 보는 렌즈가 되며, 때로는 그들이 살아온 삶을 반영하는 거울이 됩니다.

"문화 산업의 기반은 팬이다." 이 말은 저희가 영화 팬을 위한, 그리고 영화 팬에 의한 엔터테인먼트 및 미디어 관련 기업 "리전 M"을 설립하게 된 계기인 동시에 지금까지도 모토로 삼고 있는 문구입니다.

지난 2년간 회사를 운영하며 저는 영화에 생명력을 불어넣는 건 역시 팬이라는 사실을 몇 번이고 확인할 수 있었습니다. 실제로 할리우드 산업에 종사하며 영화를 만드는 사람들은 영화사 고위 간부의 무리한 요구라든가, 편집에 간섭하는 일부 소수 유명 인사들을 접하며 환멸을 느끼곤 합니다. 하지만 일단 영화가 극장에 올라가 관객을 만나게 되면 이런 환멸은 어느새 자취를 감추게 되지요. 영화가 팬과 교감하는 순간에 대해 〈꿈의 구장 Field of Dreams〉의 레이 킨셀라가 인상 깊은 말을 남겼습니다. "마치 우주에 떠도는 모든 것들이 제자리를 찾은 듯하며, 우주가 스스로를 열어 무엇이 가능한지 보여주는 것만 같다."

우리가 사랑하는 영화 속에는 정말 멋진 대사가 많습니다. 지금 여러분이 손에 들고 있는 바로 이 책에는 그런 대사가 가득 담겨 있습니다. 책장을 넘기다 보면 이미 여러분이 잘 알고 있는 대사도 눈에 띄겠지요. 그러나 개중에는 출처가 정확히 기억나지 않는 대사, 혹은 본 적 없는 영화의 대사도 있을 겁니다. 이 책을 통해 여러분은 전혀 새로운 영화를 접하는 동시에 세월 속에 잊힌 영화의 기억을 되새길 수 있을 겁니다. 볼 게 너무 많아서 당황스럽다고요? 걱정 마세요. 하나씩 천천히 보면 되니까요.

여러분은 이 책에서 훌륭한 영화를 발견할 수 있을 뿐만 아니라, 여러 상황에서 활용 가능한 대사를 건질 수 있습니다. 물론 실제로 말하는 건 여러분 자신이니 그때마다 여러분 각자의 개성이 빛을 발하게 되겠지요.

〈매트릭스 The Matrix〉의 모피어스는 이렇게 말했습니다. "길을 아는 것과 길을 걷는 것은 같지 않다." 이 책에 수록된 대사를 활용하세요. 여러분에게 맞게 변형하고, 주위 사람들과 나누세요. 영화와 함께 살아가고, 사랑하세요.

폴 스캔란, 리전 M CEO

들어가는 말

INTRODUCTION

오후 1시밖에 안된 시간이었지만, 저는 고향의 한 오래된 바에 앉아 술을 마시고 있었습니다. 주위에는 함께 고등학교를 다녔으나 언젠가부터 연락이 뜸해진 친숙한 얼굴이 많았습니다. 그날 이미 저는 난생 처음 속도위반으로 교통경찰에게 딱지를 떼인 상태였습니다. 행사 때 쓸 공구를 급하게 사러 다녀오는 길에 55마일 제한구역에서 70마일로 달렸거든요. 곧 매제 될 사람이 옆에서 상황을 설명할 틈도 없이, 이미 제 손에는 교통법규 위반 고지서가 쥐어져 있었습니다. 그래서 그날 오후 1시, 저는 한 손에 드라이버를 쥐고 텅 빈 공책을 펼쳐놓은 채 그렇게 바에 앉아 있었습니다. 오후 1시, 동생 결혼식 2시간 전에 말입니다. 2시간 후 저는 수백 명의 가족, 친지, 친구들 앞에서 사랑과 소통에 관한 연설을 하기로 되어 있었습니다. 하지만 아무것도 준비하지 못했죠. 아무것도 생각나지 않았습니다.

그때부터 대략 1시간하고도 40분이 지난 시점, 저는 캘리포니아 뉴먼이라는 한 작은 도시에서 열린 결혼식에 가족과 나란히 서 있었습니다. 길고 긴 자갈길에 드리워진 그늘 안에 수많은 하객이 편안하게 앉아 있었지요. 현관에서 내려오는 계단을 따라 장식된 꽃잎이 아름다움을 뽐냈고, 막 드레스 사진 촬영을 마친 동생은 평화로이 서성이고 있었습니다. 모든 게 너무나도 사랑스러웠습니다. 하지만 여전히 제 머리는 텅

비어 있었습니다. 완전히 백지였습니다.

솔직히 말하자면 당시 저를 지배하고 있던 건 약간의 술기운과 무시무시한 공황이었습니다. 살면서 이렇게 무슨 말을 해야 할지 모를 때마다 저를 구해 준 건 영화였다는 사실을 떠올렸습니다. 순간 저는 사랑에 관해 널리 알려진 영화 대사를 찾아 기억 속 자료실을 뒤졌고, 몇 가지 대사가 순식간에 떠올랐습니다. 웬만한 사람은 다 알 만한 대사, 적당히 타이밍 맞춰 중얼대면 여기저기서 웃음이 터질 법한 대사들이었지요. 하지만 저는 확신이 서지 않았습니다. 너무 유명했고, 누구나 떠올릴 법한 대사였다는 느낌이 들었기 때문입니다. 너무 뻔했습니다.

결국 저는 조스 웨던이 각본과 감독을 맡았던 영화 〈세레니티 Serenity〉(2005)에서 장면 하나를 통째로 도용하기로 했습니다. 〈세레니티〉는 수백 년 후의 미래에 미국과 중국의 연합 정부가 실수로 만들어낸 식인종족을 은폐하려고 음모를 꾸미자, 스페이스 카우보이들이 이에 맞선다는 SF 영화입니다. 굳이 진지하게 보지 않더라도 남북전쟁 직후 개척시대 서부의 현실과 정세를 풍자했다는 걸 알 수 있죠. 홀짝이던 보드카 칵테일도 어느 틈에 벌써 세 잔째, 연설문을 끼적이며 저도 모르게 중얼거렸습니다. "나 같은 오빠 있으면 나와 보라고 그래."

그래서 결과적으로, 저 같은 오빠는 얼마 없었던 것 같습니다. 연설이 맘에 들었던지 나중에 제게 개인적으로 내용을 적어 달라고 부탁한 사람들도 있었거든요. 할머니까지 깜짝 놀란 얼굴로 다가와 어떻게 그런 걸 생각해냈냐고 물어 보셨습니다. 실은 제가 생각한 게 아니라 "쫄바지 선장"이라는 애칭의 인물로부터 도용한 거라고 말씀드리자, 할머니는 한동안 무슨 얘긴지 이해가 안 간다는 표정을 짓더니 어깨를 으쓱하며 말씀하셨습니다. "살다 보면 누구에게든 다 배울 게 있는 거란다." 그리고는 제 뺨을 어루만져 주셨죠.

"기계나 지도를 잘 본다고 다가 아니야. 비행에 가장 중요한 게 뭔 줄 알아? 사랑. 제아무리 똑똑하고 머리 좋은 사람이라도 소용없어. 사랑하지 않는 배는 몰고 나가면 요동쳐 떨궈 버리거든. 하지만 마음을 다해 사랑하면 굳건히 버텨 주지. 그러니 진심으로 대해 줘."

— 말콤 레이놀즈 함장(나단 필리온), 〈세레니티 Serenity〉(2005)

그로부터 몇 년이 지난 지금, 저는 아직도 할머니의 말씀이 참 옳았다는 생각을 합니다. 디즈니/픽사의 애니메이션 〈라따뚜이 Ratatouille〉(2008)의 조리장, 구스토의 모토는 "요리는 누구나 할 수 있다"입니다. 이 모토는 까다롭기로 악명 높은 음식 평론가 안톤 이고의 말을 통해 분명해지지요. "아무나 위대한 예술가가 될 수는 없다. 그러나 출신이 예술가를 만들지는 않는다." 훌륭한 예술과 위대한 영감 역시 어디서 왔는지는 전혀 중요하지 않습니다.

이 책에 수록된 대사 중 일부는 여러분도 여기저기서 들었을 겁니다.

어쩌면 이미 외우고 있는 대사도 있을 테고, 들어 본 것 같지만 긴가민가한 대사도 있을 겁니다. 일부러 잊으려 애썼던 대사도, 기억하고 있는 줄 알았는데 까맣게 잊었던 대사도 있을 테지요. 하지만 보통 "명대사" 하면 떠오르는, 한 줄짜리 유명한 말들은 이 책에서 찾을 수 없을 겁니다. 그건 결코 그런 대사들이 지겹거나 혹은 과대평가되었기 때문이 아닙니다. 명대사와 명문장은 시간과 공간을 초월해 언제까지나 남으니까요. 그러나 저는 꼭 베스트 선집에 수록된 명대사가 아니어도 우리에게 큰 감동과 의미를 줄 수 있다고 믿습니다. 제가 그랬듯 여러분도 이 책 어딘가에서 여러분만의 의미를 찾을 수 있기를 바랍니다.

이 책은 형제자매의 결혼식장에서 들려줄 적절한 말을 찾는 형, 오빠, 동생을 위해, 졸업식 때 친구들에게 건넬 말이 필요한 학생을 위해, 땀 흘리는 선수들에게 던져 줄 격려의 외침을 찾는 코치 선생님을 위해, 그리고 오늘도 그저 하루를 열심히 살아가고 있을 여러분 모두를 위해 쓴 책입니다. 윌 페럴의 코미디에 나오는, 제 영감의 원천이자 제가 가장 좋아하는 대사를 소개해 드리고 싶습니다.

"때때로, 우리가 두려움과 절망에 빠질 때, 틀에 박힌 일상에서 길을 잃을 때, 희망이 사라져 비극만이 느껴질 때, 우리는 설탕 쿠키를 한 입 물며 신께 감사하게 된다. 마침 쿠키가 다 떨어졌다면, 대신 익숙한 손길이나 사랑스런 몸짓, 혹은 따뜻한 말 한 마디, 포옹, 위안 등에서 안식을 찾을 수 있다. 비슷한 효과를 얻을 수 있는 것으로는 병원 침대와 코마개, 손대지 않

은 패스트리, 속삭이듯 건네는 비밀 얘기, 펜더 스트라토캐스터가 있고, 소설도 가끔은 괜찮을 것이다. 방금 언급한 이 모든 걸 잊지 말아야 한다. 이들이 주는 뉘앙스와 차이, 미묘함을 기억해야 한다. 우리는 이들이 삶의 부수적인 요소라고 생각하지만, 실은 훨씬 크고 고귀한 인연을 위해 존재하는 무언가라는 것을 알아야 한다. 이들은 우리 삶을 구원해 줄 것이다. 기이하게 들린다는 걸 알지만, 이게 사실이라는 것 또한 나는 잘 안다."

— 캐런 에이펠(에마 톰슨), 〈스트레인저 댄 픽션 Stranger than Fiction〉(2006)

P.S. 저는 누구보다도 오마주와 각색의 힘을 믿는 사람입니다. 이 책에 실린 대사들을 모든 상황에 있는 그대로, 글자 그대로 옮기는 건 추천하지 않습니다. 부디 여러분의 손으로 깎고, 다듬고, 광을 내세요. 듣는 사람과 앞뒤 상황에 맞춰 필요하면 빌리고, 훔치고, 바꿔서 활용하세요. 남이 골라준 틀에 끼워 맞춰 살기에 인생은 너무도 짧으니까요.

졸업

졸업 연설과 부모님의 조언

I

GRADUATION

졸업

졸업 연설과 부모님의 조언

"뭐, 무슨 말을 할까요? 졸업했어요. 이제 끝이죠.
나도 해낸 거예요.
다들 '바보도 하는 졸업인데 뭐가 대단해'라고 하겠지만,
내겐 쉬운 일이 아니었어요. 그러니 꺼져!"

— 빌리 매디슨(아담 샌들러), 〈백만장자 빌리 Billy Madison〉(1995)

빌리의 말은 옳았습니다. 결코 쉬운 일이 아니죠. 졸업은 축하의 시간인 동시에 회상의 시간이기도 합니다. 소년과 소녀가 남성과 여성으로 거듭나는 순간이죠. 최소한 미국의 전통으로는 그러합니다. 현실 속에서 우리는 결코 고등학교를 떠나지 못하며, 부모가 보는 우리는(아니, 솔직히 말해 우리 자신이 볼 때도 우리는) 언제까지나 철들지 않는 어린이입니다. 점심시간에 누가 어디 누구 옆에 앉을 것인

지 같은 난감한 문제는 졸업 후에도 여전히 이어집니다. 단지 무대가 교실에서 사무실로 바뀌었을 뿐이지요. 누가 누구랑 사귀는지는 언제까지나 중요한 문제로 남습니다(적어도 인사과에서는 무척 중요시 여깁니다). 그럼에도 불구하고 10대인 우리는, 졸업식 날 우릴 바라보는 가족과 친구들 앞에서 학교 운동장을 행진해 졸업장을 받은 후, 정문을 박차고 나가야 합니다. 우리를 기다리는 "진짜 세상"을 향해 말입니다.

솔직히 말해, 청소년기를 연설 하나로 뭉뚱그려 담아내는 건 졸업생에게도, 그리고 학부모에게도 정말 어려운 일입니다. 물론 리처드 링클레이터 감독은 한 소년의 성장기를 〈보이후드 Boyhood〉(2014)라는 한 편의 영화로 담아내는 데 성공했지만, 촬영과 편집에 12년이라는 시간이 걸렸으며 이야기 자체를 풀어나가는 데도 3시간이나 필요했습니다. 연설에는 끽해야 5분 정도 주어지지요. 친구들과 가족에게 깊은 인상을 남기고 싶다면, 영화의 다양성이라는 화력이 필요할 겁니다.

SCENE #01

졸업

우린 청소년기 대부분을 남이 하라는 대로 따르며 보냅니다. 그것도 성장 과정의 일부죠. 지도, 안내, 교육 등을 재료 삼아 앞으로의 인생을 쌓아올리는 셈입니다. 그렇다고 이 과정이 늘 기쁘고 바람직하기만 한 건 아닙니다. 졸업생에게 아직 배울 게 많은 건 사실이지만, 그렇다고 해서 순진한 얼굴로 눈앞에 모인 학생들에게 인생의 심오한 지혜를 내보이지 말란 법도 없죠. 여기 나오는 영화를 하나도 못 봤을 수도 있어요. 하지만 언제는 우리가 자료 다 찾아보고 숙제했나요?

"누가 넌 할 수 없다고 하거든,
귀담아 듣지 마. 그게 아빠라고
해도, 알았니? 꿈이 있다면…
그 꿈을 지켜야 해.
사람들은 자신이 못한다는 이유로
남들도 못할 거라고 하거든.
원하는 게 있다면,
네 힘으로 얻어내.
다른 생각 말고."

— 크리스 가드너(윌 스미스), 〈행복을 찾아서 The Pursuit of Happyness〉(2006)

“그럼… 수평선으로 가 볼까.

— 잭 스패로우(조니 뎁), 〈캐리비안의 해적: 블랙 펄의 저주 Pirates of the Caribbean: Curse of the Black Pearl〉(2003) *

* **흥미로운 사실_** 영국 메탈코어 밴드 “브링 미 더 호라이즌 Bring Me the Horizon”의 이름이 여기서 유래했습니다.

“누구에게나 삶은 한 번뿐이에요. 단 한 번. 다른 사람의 삶을 살 수도 없고, 더 극적이라는 이유만으로 더 중요한 삶이라고 할 수도 없어요. 어떤 삶을 사느냐가 중요해요. 우리에게만 그렇겠지만, 어쨌든 중요한 건 그거예요.”

— 그웬(티아 레오니), 〈고스트 타운 Ghost Town〉(2008)

“이후로 난 12살 시절의 친구 같은 친구는 결코 만나지 못했다. 왜, 다들 그런 거 아냐?”

— 작가(리처드 드레이퍼스), 〈스탠 바이 미 Stand by me〉(1986)

“이게 네 삶이야. 매 순간 사라져 가는 삶.”

— 타일러 더든(브래드 피트), 〈파이트 클럽 Fight Club〉(1999)

“인생은 정원이니, 파라.”

— 조 더트(데이비드 스페이드),
〈조는 못 말려 Joe Dirt〉(2001)

"삶은 빠르게 움직여. 가끔 한 번쯤 멈춰 돌아보지 않으면 그냥 지나가 버려."
— 페리스 뷸러(매튜 브로더릭), 〈페리스의 해방 Ferris Bueller's Day Off〉(1986)*

* **뒷이야기_** 1990년, 〈페리스의 해방〉이라는 제목의 텔레비전 시리즈가 NBC에서 방영되었습니다. 저조한 시청률 탓에 수개월 만에 조기 종영됐지만, 페리스의 여동생 지니를 연기한 제니퍼 애니스턴이 이 작품을 통해 성공적인 커리어의 첫발을 내딛은 걸로 알려져 있습니다.

"꿈을 꾸어야만
진정한 자유를 얻을 수 있습니다.
항상 그러했으며,
앞으로도 그러할 것입니다."

— 존 키팅(로빈 윌리엄스), 〈죽은 시인의 사회 Dead Poets Society〉(1989)

"꿈꾸는 바보들을 위해
미친 것처럼 보일지라도
상처 입은 가슴을 위해
우리들의 시행착오를 위해."
— 미아(에마 스톤), 〈라라랜드 La La Land〉(2016)

"모든 것은 변한단다. 항상 그렇지. 네게도 기회는 올 거야! 중요한 건, 그 기회가 왔을 때 양손으로 꼭 잡고 절대 놓치지 않는 거야!"
— 오티스(버논 워싱턴), 〈최후의 스타화이터 The Last Starfighter〉(1984)

"우리가 천국의 기둥을 흔들어버렸어, 그렇지 않나?"

— 잭 버튼(커트 러셀), 〈빅 트러블 Big Trouble in Little China〉(1986)

"아무 일 없었다는 듯이 멀쩡한 척 말아요."
— 론 버건디(윌 페럴), 〈앵커맨 Anchorman: The Legend of Ron Burgundy〉(2004)

"믿음은, 두려움이나 사랑과 마찬가지로, 우리가 상대성 이론이나 불확실성의 원리를 이해하듯 이해해야 하는 힘이요, 우리 삶의 방향을 결정하는 현상이다. 어제만 해도 내 삶은 전혀 다른 방향을 향하고 있었다. 어제만 해도 나는 오늘 내가 할 일을 상상도 하지 못했다. 시간과 공간을 재정립하는 이 힘, 우리가 상상하는 우리 자신의 모습을 형성하고 바꾸는 바로 그 힘은 우리가 태어나기 전에도 존재했으며, 우리가 소멸한 후에도 존재할 것이다. 우리의 삶과 선택은 마치 양자 궤적처럼 매 순간 새롭게 와닿는다. 갈림길에 닿을 때마다, 각각의 만남은 새로운 길로 가는 문을 열어 준다."
— 아이작 삭스(톰 행크스), 〈클라우드 아틀라스 Claud Atlas〉(2012)

"여러분 모두가 승자라고 말하고 싶습니다. 이번 학기가 잘 마무리되어 얼마나 기쁜지 모릅니다."

— 듀발 교장 선생님(팀 메도우즈), 〈퀸카로 살아남는 법 Mean Girls〉(2004)

"확률의 신이 여러분의 편이기를."

— 여러 캐릭터들, 〈헝거 게임 The Hunger Games〉(2012)

"꿈이 있어야만 삶을 견딜 수 있어."

— 피트(크리스토퍼 리드), 〈루디 이야기 Rudy〉(1993)

"지금부터 세상에서 제일 멋진 이야기를 전하듯 살아갈 거예요. 준비됐나요?"

— 페넬로페 스탬프(레이첼 와이즈),

〈블룸 형제 사기단 The Brothers Bloom〉(2008)*

* **캐스팅 비화_** 뱅 뱅 역의 키쿠치 린코는 영화 전체를 통틀어 대사가 단 3마디밖에 없습니다. 2년 전에 출연했던 〈바벨〉(2006)에서는 언어장애인 역할로 오스카 여우조연상 후보에 오르기도 했습니다.

"여러분 모두에게 역할을 드려 호명하고 싶습니다. 그것이 우리의 본모습이니까요. 마법사 여러분, 인어 여러분, 여행자와 모험가 여러분, 마술사 여러분. 저와 함께 꿈을 꿉시다."
— 조르쥬 멜리에스(벤 킹슬리), 〈휴고 Hugo〉(2011)

"아무나 위대한 예술가가 될 수는 없다. 그러나 출신이 예술가를 만들지는 않는다."
— 안톤 이고(피터 오툴), 〈라따뚜이 Ratatouille〉(2008)

"아무것도 하지 않으면, 누구도 될 수 없다."
— 제니 멜러(캐리 멀리건), 〈언 에듀케이션 An Education〉(2009)

"날 지켜봐!"
— 눅스(니콜라스 홀트), 〈매드 맥스: 분노의 도로 Mad Max: Fury Road〉(2015)*

* **수상 이력_** 〈매드 맥스: 분노의 도로〉는 1979년 최초 개봉한 매드 맥스 시리즈 중 처음으로 작품상에 노미네이트되었습니다. 비록 작품상 수상에는 실패했지만, 2016년 아카데미에서 편집상, 미술상, 의상상, 분장상, 음향효과상, 음향편집상 등 6개 부문에서 수상하는 기염을 토했습니다.

"나는 정말 귀중한 교훈을 얻었다. 재능을 낭비하는 건 무엇보다 슬픈 일이라는 사실, 그리고 내가 내리는 결정으로 인해 삶이 완전히 달라진다는 사실을."

— 칼로게로 C 아넬로(프란시스 카프라), 〈브롱스 이야기 A Bronx Tale〉(1993)

"세상은 스스로 만드는 거예요. 자신에게 맞지 않으면, 맞게 바꾸면 돼요."

— 스텔라(린다 헌트), 〈실버라도 Silverado〉(1985)

"말만 많은 사람들 때문에 하고 싶은 일을 못하는 일이 있어선 안 돼."

— 케빈 나푸어(라지브 수렌드라), 〈퀸카로 살아남는 법 Mean Girls〉(2004)

"세상을 보고, 무수한 장애물을 넘어, 벽을 허물고, 더 가까이 다가가, 서로를 발견하고 느끼는 것. 그것이 우리 삶의 목적이다."

— 월터 미티(벤 스틸러), 〈월터의 상상은 현실이 된다 The Secret Life of Walter Mitty〉(2013)

"사람들은 실패가 두려워 꿈에서 멀어지지. 그러나 그보다 더한 건, 성공이 두려워 꿈을 포기하는 거야."

— 윌리엄 포레스터(숀 코너리), 〈파인딩 포레스터 Finding Forrester〉(2000)

"인생은 구경만 하는 스포츠가 아니란다."

— 라번(메리 웍스), 〈노트르담의 꼽추 The Hunchback of Notre Dame〉(1996)

"나는 길을 떠나겠어요.
어디든 갈 수 있어요.
아무리 먼 곳이라 해도
난 강해질 거예요.
길고 긴 여정일지라도
내겐 소중한 경험이 될 거예요.
난 어디든 주저 않고 갈 거예요.
그곳이 내가 있어야 할 곳이라면."

— 헤라클레스(로버트 바트), 〈헤라클레스 Hercules〉(1997)

"내가 해냈어요, 엄마. 난 어른이 됐어요."

— 잭 포웰(로빈 윌리엄스), 〈잭 Jack〉(1996)

“저는 우주비행사를 꿈꾸는 보통 아이들과 달랐어요. 그보다는 나무껍질이 어떻게 생기는지 궁금해하는 그런 아이였죠.”

— 헨젤(오언 윌슨), 〈쥬랜더 Zoolander〉(2001)

“꿈은 항상 크게 가져. 두려워하지 말고.”

— 임스(톰 하디), 〈인셉션 Inception〉(2010)

“난 바람을 탄 나뭇잎, 내 모습을 지켜봐.”

— 호반 워시 워시번(알란 터딕), 〈세레니티 Serenity〉(2005)

“요리는 누구나 할 수 있어.”

— 구스토 조리장(브래드 개럿), 〈라따뚜이 Ratatouille〉(2008)

“삶은 기회야. 기회를 잡아.”

— 마고리엄(더스틴 호프만), 〈마고리엄의 장난감 백화점 Mr. Magorium's Wonder Emporium〉(2007)

"사람들은 말이죠, 이 정도 시기가
오면 나쁜 일은 잊고 좋은 일만
기억하려 합니다.
그리곤 미래를 생각하죠.
그러면서 걱정을 해요.
'앞으로 뭘 하지? 10년 후에는
어디서 뭘 하고 있을까?'
하지만 저를 보세요.
저 같은 삶도 있습니다.
너무 걱정하지 마세요."

— 잭 포웰(로빈 윌리엄스), 〈잭 Jack〉(1996)

“삶은 항상 경계에 걸친 채로
살아가게 된다.
반항을 할 줄도 알아야 한다.
규칙에 얽매어 사는 삶을 거부하고,
자신의 성공을 거부하고,
반복되는 자신을 거부하고,
매일, 매년, 매 아이디어를
진정 도전으로 받아들인다면,
그때는 외줄 위의 삶을
살아갈 수 있게 된다.”

— 필리페 페팃(본인), 〈맨 온 와이어 Man on Wire〉(2008)

SCENE #02

부모의 조언과 덕담

여러분은 그들을 잉태했습니다. 기르고, 씻기고, 돌보아 주고, 그들을 위해 그들의 손을 잡고 싸웠습니다. 그들을 이끌어 주고, 그들을 위해 기도하고, 가야만 하는 곳에는 함께 가주었습니다. 이제 그들은 여러분의 품을 떠나 잔혹한 현실 세계에 발을 디디려 하고 있습니다. 물론 여러분은 앞으로도 물심양면으로 그들을 지원하고 기꺼이 길잡이가 되어주겠지만, 그럼에도 졸업은 부모와 자식 간의 관계가 변하게 되는 시점임이 분명합니다. 졸업은 어린 시절과의 단절을 상징하기에, 여러분은 그러한 의식의 일부로서 그들에게 최후의 조언을 건네야만 합니다. 여러분 역시 여러분만의 방식으로 아이들을 세상 속으로 내보내세요. 만일 다음 영화 중에 여러분의 조언과 결을 같이하는 게 있다면, 얼마든지 활용하세요.

“남한테 뚱뚱하다 놀린다고
내가 날씬해지는 건 아니야.
남한테 멍청하다 놀린다고
내가 똑똑해지는 것도 아니야.
남의 인생을 망친다고 그만큼
내가 행복해지지 않아.
우리에게 중요한 건,
눈앞의 문제부터 하나씩
해결해 나가는 거야.”

— 케이디 헤론(린제이 로한), 〈퀸카로 살아남는 법 Mean Girls〉(2004)

“두려움을 느껴도 괜찮아, 노만. 두려움 때문에 자신을 바꾸지만 않으면 돼.”

— 할머니(일레인 스트리치), 〈파라노만 ParaNorman〉(2012)*

* **영감의 원천_** 〈파라노만〉은 메인스트림 애니메이션으로선 처음으로 게이 캐릭터를 전면에 내세웠습니다. 영화가 끝나갈 무렵 전형적인 운동선수 타입이었던 미치가 치어리더 코트니에게 흥미가 없었던 이유가 나오는데, 미치에게는 이미 남자 친구가 있었던 것입니다.

“살면서 누가 널 좋아하든 말든 그런 건 신경 쓰지 마! 남들이 널 공정하게 대하는지 그것만 신경 쓰면 돼!”

— 트로이 맥슨(덴젤 워싱턴), 〈펜스 Fences〉(2016)

“어려운 일을 하는 것과 옳은 일을 하는 게 같은 것일 때가 많다는 거 알아? 의미 있는 모든 일은 쉽지 않아.”

— 로버트 스프리첼(마이클 케인), 〈웨더맨 The Weather Man〉(2005)

“항상 옳은 일을 하거라.”

— 다 메이어(오시 데이비스), 〈똑바로 살아라 Do the Right Thing〉(1989)

"존중이야말로 궁극의 화폐다."
— 달튼 러셀(클라이브 오웬), 〈인사이드 맨 Inside Man〉(2006)

"멋진 연극이 시작되고, 여러분이 한 편의 시를 더할 수 있다는 것. 여러분의 시는 어떤 것일까?"

— 존 키팅(로빈 윌리엄스), 〈죽은 시인의 사회 Dead Poets Society〉(1989)

"내게 최고의 모험은 당신이야."
— 미스터 인크레더블(크레이그 T. 넬슨),
〈인크레더블 The Incredibles〉(2004)

"네가 어떤 사람인지 안다면, 가서 네 가치를 증명해. 그 과정에서 몇 대 맞을 수도 있어. 자신이 해내지 못했다는 이유로 남 탓하지 말아야 해. 그건 겁쟁이들이나 하는 짓이고, 넌 겁쟁이가 아냐! 넌 그런 한심한 인간이 아니라고! 무슨 일이 있어도 난 널 사랑할 거야. 무슨 일이 있어도. 넌 내 아들이고, 내 피야. 넌 내 삶에서 가장 소중한 존재야."
— 록키 발보아(실베스터 스탤론), 〈록키 발보아 Rocky Balboa〉(2006) *

* **캐스팅 비화_** 영화에서 록키의 아들 마이클 역의 마일로 벤티밀리아, 그리고 록키 역의 실베스터 스탤론 두 사람 모두 부분 안면마비 증상을 겪고 있어 발음이 다소 불명확합니다. 특히 이 장면은 촬영이 힘들었는데, 추운 날씨 탓에 입이 얼어서 대사를 읊기 무척 어려웠다고 합니다.

"너한테 생각이 있다고 해서 그게 네 생각이 되는 건 아니야."

— 미스터 울프(하비 카이텔), 〈펄프 픽션 Pulp Fiction〉(1994)

"언젠가 넌 쿨한 사람이 될 거야."

— 애니타 밀러(조이 데이셔넬), 〈올모스트 페이머스 Almost Famous〉(2000)

"자신이 누군지, 무엇을 원하는지, 알면 알수록 주변 상황에 덜 휘둘리게 된다."

— 밥 해리스(빌 머레이), 〈사랑도 통역이 되나요? Lost in Translation〉(2003)

"무엇을 믿든 상관없어. 그냥 그걸 믿어."

— 셰퍼드 북(론 글래스), 〈세레니티 Serenity〉(2005)

"뭔가를 이해 못한다고 해서 그게 틀린 건 아니에요."

— 아서(리키 소렌슨), 〈아서왕 이야기 The Sword in the Stone〉(1963)

"때때로 세상에는 진실이
아니더라도 진실처럼 믿어야 하는
것들이 있단다.
사람은 기본적으로 선량하다는 것.
명예와 용기, 덕이
가장 중요하다는 것.
권력과 돈, 돈과 권력은
아무 의미가 없다는 것.
항상 선이 악을 물리친다는 것.
그리고 꼭 기억하렴.
사랑, 진정한 사랑은, 결코 사라지지
않는다는 것을. 잊지 말아야 한다.
무슨 일이 있어도 잊어선 안 돼.
그게 진실이든 아니든 상관없어.
이를 믿는 건 믿을 만한 가치가
있기 때문이니까."

— 헙(로버트 듀발), 〈세컨핸드 라이온스 Secondhand Lions〉(2003)

"인생은 네 멋대로 시작했다 멈췄다 하는 게 아냐."
— 월터 소브채크(존 굿맨), 〈위대한 레보스키 The Big Lebowski〉(1998)

"증오는 앙금이다. 화만 내며 살기에 인생은 너무도 짧다. 그렇게 낭비하기에는 너무 아깝다."
— 대니 빈야드(에드워드 펄롱), 〈아메리칸 히스토리 X American History X〉(1998)

"네가 무슨 생각을 하는지는 중요하지 않아. 중요한 건 무엇을 하느냐지."
— 몬스터(리암 니슨), 〈몬스터 콜 A Monster Call〉(2016)

"네가 어떤 사람이 될지는 네가 선택해."
— 호가드 휴즈(엘리 마리엔탈), 〈아이언 자이언트 The Iron Giant〉(1999)

"집이 그리울 거예요. 죽고 싶을 정도로…. 하지만 견디는 것 말고 다른 방법은 없죠. 그래요, 견뎌낼 거예요. 죽지는 않을 거예요. 그렇게 언젠가는 해가 뜰 거예요. 정말 희미해서 처음에는 눈치 채지 못할 수도 있어요. 그러다 어느 날 과거와는 상관없는 무언가, 혹은 누군가를 생각하게 될 거예요. 오직 당신만을 위한 누군가를. 그때가 되면 깨닫게 될 거예요… 이게 바로 당신의 삶이란 걸."

— 에일리스 레이시(시얼샤 로넌), 〈브루클린 Brooklyn〉(2015) *

* **수상 이력_** 〈브루클린〉은 베스트셀러 작가 닉 혼비가 각색한 작품입니다. 닉 혼비는 지금까지 총 3편의 각본을 썼는데(〈언 에듀케이션〉, 〈와일드〉, 〈브루클린〉), 세 작품 모두 다른 작가가 쓴 책이 원작이며 모두 주연 배우가 아카데미 여우주연상 후보에 올랐습니다(〈언 에듀케이션〉의 캐리 멀리건, 〈와일드〉의 리즈 위더스푼, 〈브루클린〉의 시얼샤 로넌). 또한 〈언 에듀케이션〉과 〈브루클린〉은 그 해 각색상 후보에도 올랐습니다.

"네가 놓칠 그 모든 고생을 생각해 봐. 고등학교? 고등학교는 살면서 제일 힘든 시기일지도 몰라. 그 정도 힘든 일은 나중에 없다고."

— 에드윈 후버 할아버지(알란 아킨), 〈미스 리틀 선샤인 Little Miss Sunshine〉(2006)

**"잘하는 일이 있다면,
절대 공짜로 해 주지 마."**

— 조커(히스 레저), 〈다크 나이트 The Dark Knight〉(2008)

"살다 보면 지식과 경험을 얻을 기회가 있어. 때로는 위험을 감수해야 해."

— 제프리 보몬트(카일 맥라클란), 〈블루 벨벳 Blue Velvet〉(1986)

**"언젠가 느껴 보길 바라.
아이를 낳는 기쁨을, 그리고
그 애들 돌볼 이를 돈 주고
고용하는 형언할 수 없는 기쁨을."**

— 고메즈 아담스(라울 줄리아), 〈아담스 패밀리 2 Addams Family Values〉(1993)

"널 만드는 건 네가 가진 물건들이 아니야. 너 자신이야."

— 에그(아이작 헴스터드 라이트), 〈박스트롤 The Boxtrolls〉(2014)

**"마음의 소리를 따르렴. 작게
속삭이니 귀를 기울여야 해."**

— 리틀풋 엄마(헬렌 쉐이버), 〈공룡시대 The Land Before Time〉(1998)

"딱 네가 재미있는 인간이 될 때쯤 떠나더구나."

— 헨리 존스 교수(숀 코너리),
〈인디아나 존스: 최후의 성전 Indiana Jones and the Last Crusade〉(1989)

"언제까지나 17살일 순 없어."
— 스티브 볼랜더(론 하워드), 〈청춘 낙서 American Graffiti〉(1973)*

* **영감의 원천_** 〈청춘 낙서〉는 감독 조지 루카스가 캘리포니아 모데스토의 길거리를 차로 돌아다니던 시절에 영감을 받아 만든 영화입니다. 주로 다녔던 곳은 매켄리 애비뉴였죠. 모데스토의 젊은이들은 이를 전통 삼아 지금도 루카스의 전철을 밟고 있습니다. 모데스토의 주말 밤 풍경을 묘사하는 "매켄리 드라이브"라는 표현도 흔히 쓰이고 있지요.

"난 그저 나중에 이 시절을 돌이켜볼 때 이렇게 말할 수 있었으면 좋겠어. 비록 여기 묶여 살았지만 난 최선을 다했고, 여기 묶여 살았지만 최대한 즐겁게 지냈고, 여기 묶여 살았지만 그럼에도 전력으로 경기에 임했다고."

— 돈 도슨(사샤 젠슨), 〈멍하고 혼돈스러운 Dazed and Confused〉(1993)

"우린 우리가 선택하는 삶을 사는 거야. 그러니… 선택해!"

— 노먼 오스본/그린 고블린(윌렘 대포), 〈스파이더맨 Spider-Man〉(2002)

"때로는 세상이 널 등지고
삶이 상처를 남기지만
상처가 아물면 알게 될 거야.
네가 있는 곳이 어디인지.
사랑하는 이들이 널 변화시키고
배움이 널 이끌어 주며
세상 그 무엇도, 네 안의 그 작은 속삭임을
잠재우지 못할 거야."

— 탈라 할머니(레이첼 하우스), 〈모아나 Moana〉(2016)

"네가 하지 않을 수 없는 일을 해야 해."

— 루이자 레이(할리 베리), 〈클라우드 아틀라스 Cloud Atlas〉(2012)

"직업이 널 말해주지 않아. 은행 잔고가 널 말해주지도 않고. 네가 모는 차도, 지갑 속도 마찬가지야."

— 타일러 더든(브래드 피트), 〈파이트 클럽 Fight Club〉(1999)

"아빠가 충고 하나 할까? 아빠 말을 듣지 마."

— 이안 맥콜 박사(제프 골드블럼),
〈쥬라기 공원 2: 잃어버린 세계 The Lost World: Jurassic Park〉(1997)

"가끔씩 일어나는 말도 안 되는 일도 지혜로운 이라면 즐길 줄 알아야 해."

— 윌리 웡카(진 와일더),
〈초콜릿 천국 Willy Wonka and the Chocolate Factory〉(1971)

"걱정은 흔들의자와 같아. 계속 움직이기는 하지만, 어디에도 가 주지는 않지."

— 밴 와일더(라이언 레이놀즈), 〈엽기 캠퍼스 Van Wilder〉(2002)

"믿음에 몸을 맡겨 보고 싶지 않은가? 아니면 회한으로 가득한 채 늙어가다가 홀로 죽을 텐가?"

— 사이토(와타나베 켄), 〈인셉션 Inception〉(2010)

"난 결코 뒤돌아보지 않아! 그랬다간 현재가 흔들려 버리는걸."

— 에드나 모드(브래드 버드), 〈인크레더블 The Incredibles〉(2004) *

* **캐스팅 비화_** 브래드 버드는 이 작품에서 각본과 감독을 맡았을 뿐만 아니라 코스튬/무기 마스터인 에드나 모드의 성우까지 담당했습니다. 처음에는 에드나 모드 역으로 릴리 톰린을 캐스팅하려 했으나, 버드의 시범을 본 톰린이 자신보다 훨씬 잘 어울리니 직접 하라고 버드를 설득했다고 합니다.

"풍부한 상상력과 자신감을 가져야 합니다. 안 된다고 포기해선 안 되며, 출신배경 때문에 위축되어선 안 됩니다. 여러분의 한계는 여러분 스스로 긋는 것입니다."

— 구스토 조리장(브래드 개럿), 〈라따뚜이 Ratatouille〉(2008)

"제대로 해준 게 없어서 미안하구나. 하지만 네가 내 꼬맹이라는 게 자랑스럽다."

— 욘두(마이클 루커),
〈가디언즈 오브 갤럭시 Vol. 2 Guardians of the Galaxy Vol. 2〉(2017)

"언제든 되고 싶은 사람이 될 수 있다. 너무 늦었다는 것, 내 경우는 너무 이르다는 것이지만, 그런 건 없다. 시간 제한도 없고, 언제든 그만둘 수도 있다. 변해도 되고, 한결같아도 된다. 이런 일에 정해진 규칙은 없다. 최선이 될 수도, 최악이 될 수도 있다. 난 네가 최선이 되길 바란다. 놀라운 일들을 직접 보길 바란다. 전에는 겪어 보지 못한 것들을 직접 느껴 보길 바란다. 다른 시선으로 세상을 보는 사람들도 만나 보길 바란다. 네가 뿌듯한 삶을 살길 바란다. 삶의 어느 순간 그렇지 않다는 생각이 들거든, 처음부터 다시 시작할 힘이 있기를 바란다."

— 벤자민 버튼(브래드 피트), 〈벤자민 버튼의 시간은 거꾸로 간다 The Curious Case of Benjamin Button〉(2008)

"카르페 디엠. 오늘을 즐겨라. 평범하지 않은 인생을 살아라."

— 존 키팅(로빈 윌리엄스),
〈죽은 시인의 사회 Dead Poets Society〉(1989)

"살면서 어떤 결정을 내리든… 자신에게 진실해야 해."
— 유수련(양자경), 〈와호장룡 臥虎藏龍〉(2000)

"한때 널 괴롭히던 것들이 언젠가 널 귀한 존재로 만들어 줄 거야!"
— 티모시 Q. 마우스(에드워드 브로피), 〈덤보 Dumbo〉(1941)

"목표 바로 앞에 서고 난 후에야, 내가 얼마나 멀리 떨어져 있는지 알 수 있었다."
— 빈센트 프리맨(에단 호크), 〈가타카 Gattaca〉(1997)

"네가 좋아하는 일을 해. 나머진 좆까라고 하고."

— 드웨인 후버(폴 다노), 〈미스 리틀 선샤인 Little Miss Sunshine〉(2006)

"살다 보면 어떤 사람이 될지 스스로 결정해야 할 때가 와. 그 결정은 남에게 미룰 수 없어."
— 후안(마허샬라 알리), 〈문라이트 Moonlight〉(2016)

"중요한 건, 관심을 갖는 거야.
보이는 모든 것에 관심을 가져야 해.
그렇게 다른 사람이
보지 못하는 걸 보면,
다른 사람이 알지 못하는 걸 알게 돼.
손에 넣는 건 다들 비슷해.
그걸로 뭘 하느냐가 중요한 거지."

— 로리스 하로우(팀 로빈스), 〈시티 오브 엠버: 빛의 도시를 찾아서 City of Ember〉(2008)

"다른 사람의 의견 때문에 네가 원하는 일을 포기하지 마."
— 패트릭 버로나(히스 레저), 〈내가 널 사랑할 수 없는 10가지 이유 10 Things I Hate About You〉(1999)

"국경을 넘을 때마다 우린 그곳에 뭘 남겨두는 걸까? 매 순간이 둘로 갈리는 것 같다. 남겨진 것에 대한 울적함과 새로운 땅을 밟는다는 흥분으로."
— 에르네스토 체 게바라, 〈모터사이클 다이어리 The Motorcycle Diaries〉(2004) 대사에 인용됨

"이제 삶의 의미를 말해 볼까요.
특별할 거 없어요.
사람들과 잘 지내고,
과식하지 말고,
가끔 좋은 책도 읽고,
산책도 하고요.
종교와 국가에 구애받지 말고
모든 사람들과 평화롭게,
조화 속에서 살아가는 거예요."

— 여성 진행자(마이클 폴린),
〈몬티 파이튼 삶의 의미 Monty Python's the Meaning of Life〉(1983)

졸업을 다룬 영화들

청춘 낙서 American Graffiti(1973)

각본/감독 조지 루카스 **주연** 리처드 드레이퍼스, 론 하워드

1962년 무렵의 캘리포니아 모데스토, 대학 진학을 앞둔 두 명의 고교 졸업생이 여름 마지막 날을 도로 위에서 보냅니다. 미국의 작은 도시에서 지냈던 본인의 경험을 바탕으로 자전적인 작품을 만들어 낸 조지 루카스 감독은 그 분위기를 살리기 위해 캘리포니아 페탈루마에서 촬영을 진행했습니다.

금지된 사랑 Say Anything(1989)

각본/감독 카메론 크로우

주연 존 쿠삭, 이온 스카이, 존 마호니

고교 졸업생 대표와 별 볼 일 없는 남학생이 고등학생으로 지내는 마지막 날 사랑에 빠집니다. 그러나 불확실한 세상을 탐험하며 함께 여름을 보내던 두 사람에게 현실의 벽은 너무나 높았습니다. 유명한 붐박스 장면을 보는 순간 여러분은 이 영화에 빠져들 겁니다.

보이후드 Boyhood(2014)

각본/감독 리처드 링클레이터 **주연** 엘라 콜트레인, 패트리샤 아퀘트, 에단 호크

총 12년에 걸쳐 촬영한 이 작품을 통해 리처드 링클레이터 감독은 6살 아이가 18살 청소년이 되어 고등학교를 졸업하고 대학에 들어갈 때까지의 긴 세월을 한 편의 영화에 담았습니다. 다분히 실험적인 이 영화는 그런 요소를 제외하고도 많은 부모와 아이들의 마음에 가닿으며 공감을 끌어냈습니다.

어드벤처랜드 Adventureland(2009)

각본/감독 그렉 모톨라

주연 제시 아이젠버그, 크리스틴 스튜어트, 라이언 레이놀즈

갓 대학을 졸업한 주인공 제임스 브레넌은 1987년 여름, 대학원 가을학기 등록을 앞두고 학비 마련을 위해 놀이공원에서 아르바이트를 합니다. 이 영화에는 감독 모톨라의 개인적인 경험이 일부 투영되어 있는 걸로 알려져 있습니다.

페리스의 해방 Ferris Bueller's Day Off(1986)

각본/감독 존 휴즈 **주연** 매튜 브로더릭, 앨런 럭, 미아 사라

고등학교 졸업을 앞둔 악동 페리스 뷸러는 친구와 함께 꾀수를 부려 학교를 빠집니다. 미 고교 3학년생들이 하루 날을 잡아 단체로 결석하는 전통에서 아이디어를 따온 이 영화는 개봉과 동시에 고전 반열에 올랐습니다.

멍하고 혼돈스러운 Dazed and Confused(1993)

각본/감독 리처드 링클레이터
주연 제이슨 런던, 윌리 위긴즈, 매튜 매커너히

1976년의 고교 2학년생들, 각자의 방법으로 3학년으로 올라가기 직전의 순간을 즐깁니다. 신고식, 파티, 그리고 벤 에플렉의 앳된 모습. 사운드트랙이 무척 훌륭하고, 이 영화를 통해 배우로 데뷔한 매튜 매커너히의 동네 건달 연기가 압권입니다.

아메리칸 파이 American Pie(1999)

감독 크리스 웨이츠, 폴 웨이츠
각본 아담 허츠
주연 제이슨 빅스, 크리스 클라인, 숀 윌리엄 스콧

넘치는 에너지를 분출할 곳이 필요한 10대 소년들이 무도회 밤까지 총각 딱지를 뗄 궁리를 합니다. 그 유명한, 피자를 이용한 꼼수가 이 영화에서 등장하지요. 지금의 제목이 붙기 전, 이 영화는 다음과 같은 제목으로 제작이 추진되었습니다. "천만 달러 미만으로 만들 수 있는, 읽는 이는 좋아서 환장하겠지만 경영진은 무진장 싫어할 10대 섹스 코미디."

그리스 Grease(1978)

감독 랜달 클레이저
각본 브론트 우다드
주연 존 트라볼타, 올리비아 뉴튼 존, 스톡카드 채닝

왑 밥 바 루 밥 바 왑 밥 붐! 그리스는 터프 가이 대니가 금지옥엽 모범생 샌디와 이룰 수 없는 사랑에 빠지는 뮤지컬로, 파워풀한 자동차 경주와 더불어 젊은이들에게 민감한 소재를 함께 다루는 영화입니다. 그리스가 개봉할 때 뮤지컬은 시대에 뒤떨어졌다는 평을 들었지만, 예상과는 달리 엄청난 흥행 돌풍을 일으켰지요.

백만장자 빌리 Billy Madison(1995)

감독 타마라 데이비스 **각본** 팀 헐리히, 아담 샌들러
주연 아담 샌들러, 브래들리 휘트포드

수백만 달러 규모의 호텔 체인 소유주인 아버지의 재산을 물려받는 조건으로 사고뭉치 아들인 빌리는 초등학교에서 고등학교까지의 학업을 순식간에 끝마쳐야 합니다. 술이 과하게 취하면 사람 크기의 펭귄이 보이기도 한다는 걸 알 수 있는 영화죠.

스펙타큘라 나우 The Spectacular Now(2013)

감독 제임스 폰솔트 **주연** 스콧 뉴스타드터, 마이클 H. 웨버

이별로 인해 알콜 중독에 빠진 고3 주인공 셔터가 새로운 친구를 만나 한층 성장하는 과정을 그린 영화입니다. 항상 현재만을 생각하며 살았던 셔터는 성장이라는 개념과 마주하며 아픔을 겪습니다. 각본을 쓴 뉴스타드터와 웨버는 이후 또 한 편의 10대 로맨스 영화 〈안녕, 헤이즐 The Fault in Our Stars〉을 써냅니다.

2

결혼

서약, 축사, 우스개

2

WEDDINGS

결혼

서약, 축사, 우스개

"겨온… 우인 오늘 이 자이에
겨온식을 보기 위애 모여씁니다….."

— 인상적인 성직자(피터 쿡), 〈프린세스 브라이드 The Princess Bride〉(1987)

결혼식은 돈이 엄청 들고, 진이 빠지며, 스트레스가 심한 행사입니다. 불안한 마음에 긴장하고 있으면 반드시 사고가 생기죠. 친척들은 술에 취하고, 친구들은 싸움에 휘말리고, 드레스는 찢어지고, 음식은 엉망이 됩니다. 웨딩케이크 전문 디자이너의 아들인 저도 이 모든 광경을 직접 목격하며 자랐습니다. 개미 떼가 주방에 침입해 케이크를 점령한 모습이라든가 테이블 꽃 장식을 두고 도우미와 신부가 다투는 모습은 흔한 편이고, 갑작스런 비로 인해 예식 전체를

싹 다 뒤엎어야 했던 적도 있었습니다. 결혼식은 때때로(아니, 거의 모든 결혼식은) 난장판입니다. 하지만 결혼식만큼 축하받아 마땅한 행사가 없는 것도 사실입니다. 결혼식이 끝나고 나면 기억에 남는 건 정신없는 소동보다는 춤과 술, 서로간의 애정, 그리고 무엇보다 축사일 겁니다.

그러니 어쩌면 사람들은 여러분이 잔뜩 술에 취해 주빈석 옆의 커다란 유리 백조를 넘어뜨린 건 잊어줄지도 모릅니다(여러분은 아마도 자신 없는 말투로 “내가 건드린 게 아니라 원래 이랬는데요”라고 말했겠지요). 하지만 식장에서 함께 나눈 말들은 기억할 겁니다. 사랑, 그리고 약간의 알콜 덕에 용기 내어 내뱉은 말들 말이죠. 영화는 인간의 모습을 극단적으로 가져가곤 합니다. 릭과 엘사가 함께 어둠 속으로 사라졌던 〈카사블랑카〉의 마지막 장면이나 〈실버라이닝 플레이북〉의 제니퍼 로렌스와 브래들리 쿠퍼의 커플댄스 장면 등을 통해 영화는 말로 표현하기 힘든 달콤하고, 진지하고, 기괴하고, 씁쓸한 감정의 순간을 잡아내 우리에게 보여줍니다.

SCENE #01

사랑의 서약과 표현들

누군가에게 사랑한다고 말하는 건 무척 어렵습니다. 사랑이 무엇인지 말로 설명하는 건 더욱 어렵습니다.주인공의 이름을 따서 제목을 지은 〈스콧 필그림 Scott Pilgrim vs. The World〉에서 주인공 스콧 필그림은 자신의 감정을 다음과 같이 털어놓습니다. "난 너를 레즈비언 해." 이렇게 자신을 드러내는 건 쉽지 않습니다. 심지어 여러분을 잘 아는 주변인들(혹은 집안 내분을 피하기 위해 어쩔 수 없이 초대한 분들) 앞에서라면 더더욱 힘들 거라고 짐작할 수 있습니다. 하고 싶은 말은 있지만, 이를 어떻게 전달해야 하는지 모릅니다. 하지만 앞으로 소개해 드릴 아름답고, 조화롭고, 때로는 우스꽝스럽기까지 한 사랑의 선언문을 읊는 순간, 여러분 안에 감춰졌던 노라 애프론 감독이 튀어나올지 모르는 일이죠. 그렇게 여러분은 가장 사랑하는 배우자에게 진심을 전할 수 있게 됩니다.

“왜 나를 사랑해요? 왜 내가
필요해요? 언제까지나 영원히.
우린 채팅방에서 만났지만,
이제 우리 사랑은 활짝 폈어요.
물론 월드와이드웹도 대단하지만,
날 침흘리게 하는 건 당신뿐이에요.
물론 테크놀로지는 엄청나지만,
당신만큼 엄청나지는 않아요.
그래도 테크놀로지는 좋아요…
언제까지나 영원히.
우리 사랑은 하늘 높이 날아가는
비둘기 떼 같아요.
언제까지나 영원히.”

— 킵 다이너마이트(아론 러엘), 〈나폴레옹 다이너마이트 Napoleon Dynamite〉(2004)

"홀로 이 세상에서 영겁의 세월을 살아가느니,
단 한 번의 생이라도 당신과 함께하겠어요."
— 아르웬(리브 타일러), 〈반지의 제왕: 반지 원정대 The Lord of the Rings: The Fellowship of the Ring〉(2001)

"당신 때문에 더 나은 남자가 되고 싶어지오."
— 멜빈 유달(잭 니컬슨), 〈이보다 더 좋을 순 없다 As Good As It Gets〉(1997)

**"어떤 사람 앞에서는,
녹는 것도 감수할 수 있지."**
— 올라프(조시 게드), 〈겨울왕국 Frozen〉(2013)

"사랑해요. 처음 본 순간 알았어요. 말하기까지 너무 오래 걸려 미안해요. 용기가 없었거든요."
— 팻 솔리타노 주니어(브래들리 쿠퍼), 〈실버라이닝 플레이북 Silver Linings Playbook〉(2012)

"우리 안에서 요동치는
이 거대한 심장을 찢어 열고
우릴 가로막는 고난을 이겨내
모두의 앞에 당당히 서는 거야…."
— 마리아(조 샐다나), 〈마놀로와 마법의 책 The Book of Life〉(2014)

"난 똑똑하지는 않지만, 사랑이 뭔지는 알아."

— 포레스트 검프(톰 행크스), 〈포레스트 검프 Forrest Gump〉(1995)

"때로는 가장 간절히 바라는 일이 일어나지 않고, 때로는 전혀 기대하지 못했던 일이 일어나기도 해. 수천 명의 사람을 만나도 아무런 감흥이 없다가, 단 한 명의 누군가로 인해 인생이 영원히 바뀌기도 하지."

— 제이미 랜달(제이크 질렌할), 〈러브&드럭스 Love and Other Drugs〉(2010)

"당신을 만나기 위해 시간의 바다를 건너 왔소."

— 드라큐라 백작(게리 올드만), 〈드라큐라 Bram Stoker's Dracula〉(1992)

"난 당신에게 진실할 겁니다. 무슨 일이 있어도."

— 오브라이언 부인(제시카 차스테인), 〈트리 오브 라이프 The Tree of Life〉(2011)*

* **흥미로운 사실_** 감독 테렌스 말릭과 촬영감독 엠메뉴엘 치보 루베즈키는 대부분의 장면을 현장의 자연광만으로 찍었습니다.

"무슨 일이 있어도, 난 당신을 사랑하겠어요. 죽는 날까지."
— 크리스티앙(이완 맥그리거) & 샤틴(니콜 키드먼), 〈물랑 루즈 Moulin Rouge〉(2001)

"잡을 수 없는 물고기를 잡았어요."
— 에드워드 블룸(알버트 피니), 〈빅 피쉬 Big Fish〉(2003)

"너 없는 인생을 살며 하루하루 허비하고 싶지 않아."

— 앤드류 라지맨(잭 브라프), 〈가든 스테이트 Garden State〉(2004)

"당신은 나의 몸과 영혼을 매료시켰습니다. 사랑하고, 사랑하고, 사랑합니다. 단 하루도 당신과 떨어져 있고 싶지 않습니다."
— 다아시(매튜 맥퍼딘), 〈오만과 편견 Pride & Prejudice〉(2005)*

* **흥미로운 사실_** 이 대사는 제인 오스틴의 고전을 각색한 이 영화에서 가장 유명한 대사입니다만, 실제로 원작에서는 찾아 볼 수 없습니다. 각본을 맡은 데보라 모가치가 새롭게 쓴 대사이기 때문입니다.

"그 애는 너무 아름다워요.
아무리 봐도 질리지가 않죠.
나보다 더 똑똑하면 어쩌지 하고
걱정할 일도 없어요.
어차피 나보다 똑똑하거든요."

— 어거스터스 워터스(안셀 엘고트), 〈안녕, 헤이즐 The Fault in Our Stars〉(2014)

"(그녀는) 내가 꿈꾸던 여자보다 나아요. 현실에 존재하니까요."

— 폴(매튜 그레이 구블러), 〈500일의 썸머 500 Days of Summer〉(2009)

"널 먹어버릴 만큼 사랑해."

— KW(로렌 앰브로스), 〈괴물들이 사는 나라 Where the Wild Things Are〉(2009)

"중요한 게 뭔지 나는 알아.
바로 자기야. 세상 따위,
전부 다 준대도 필요 없어.
내겐 자기만 있으면 돼."

— 헬보이(론 펄먼), 〈헬보이 2: 골든 아미 Hellboy 2: The Golden Army〉(2008)

"잠깐, 혹시 이게 자살로 끝나거나 아니면 잡혀서 다시는 못 볼지도 모르니까 지금 말할게. 나랑 결혼해 줘서 고마워. 널 만나서 얼마나 기쁜지 몰라."

— 샘 샤쿠스키(자레드 길만), 〈문라이즈 킹덤 Moonrise Kingdom〉(2012)

"당신은 정말이지 내가 살면서 만난 사람 중에 가장 친절하고, 부드럽고, 예쁜 사람이야. 난 당신처럼 상냥한 사람을 본 적이 없어. 처음 본 순간… 내 안의 무언가가 바뀌었어. 말을 하지는 않았지만… 당신을 미친 듯이 끌어안고 싶었어. 당신은 내게 과분해. 하지만 기회를 준다면, 남은 평생 동안 당신을 사랑할 거야."

— 필 코너스(빌 머레이), 〈사랑의 블랙홀 Groundhog Day〉(1993)*

* **뒷이야기_** 감독인 해롤드 래미스의 계산에 따르면 주인공 필은 10년 정도 같은 날에 갇혀 있었습니다. 매일 피아노를 연습한다고 가정했을 때 영화 속에 묘사된 정도가 되려면 그쯤 걸린다고 본 것이죠. 작가 대니 루빈의 각본 초고에는 대략 1만 년 정도 같은 날이 반복되는 가운데 필과 리타가 만나는 걸로 되어 있었습니다.

"당신을 보고 있으면, 느낄 수 있어요. 당신을 보면… 집에 온 것처럼 편안해져요."

— 도리(엘런 드제너러스), 〈니모를 찾아서 Finding Nemo〉(2003)

"사매가 없는 천국에서 저주받은 영혼으로 지내느니, 차라리 사매 곁에서 떠도는 유령이 되겠어. 당신의 사랑이 있기에 내 넋은 외롭지 않을 거야."

— 리무바이(주윤발), 〈와호장룡 臥虎藏龍〉(2000)

"두 가지는 약속할 수 있어.
하나, 앞으로 항상 이 정도
잘생김은 유지하겠다고.
둘, 당신을 포기하지 않겠다고…
절대로."

— 헬보이(론 펄먼), 〈헬보이 Hellboy〉(2004)

"지금 이 순간, 당신의 심장 소리가 마치 내 안에서 뛰는 것처럼 생생히 들려. 헤어짐은 환상에 불과해. 내 삶은 나라는 존재의 한계를 넘어서까지 계속될 거야."

— 로버트 프로비셔(벤 위쇼), 〈클라우드 아틀라스 Cloud Atlas〉(2012)

“그녀는 꿈같은 여자야. 깨고 싶지 않은 꿈.”

— 머드(매튜 매커너히), 〈머드 Mud〉(2012)

“사랑이라는 말은 내 감정을 표현하기에 너무 약해. 난 당신을 사아아아랑하거든. 사으랑하고. 싸아랑해. 방금 건 쌍시옷이야.”

— 알비 싱어(우디 앨런), 〈애니 홀 Annie Hall〉(1977)

“사랑에 사랑이 만발할 거야. 우리의 사랑이. 내가 널 너무나 사랑하니까.”

— 마놀로(가엘 가르시아 베르날), 〈마놀로와 마법의 책 The Book of Life〉(2014) *

* **흥미로운 사실_** 싱어송라이터이자 작곡가인 폴 윌리엄스가 “아이 러브 유 투 머치 I Love You Too Much”의 가사를 썼습니다. 윌리엄스는 〈스타 탄생 A Star is Born〉(1976)의 “에버그린 Evergreen”과 〈머펫 무비 The Muppet Movie〉의 “레인보우 커넥션 Rainbow Connection”을 쓰기도 했지요. 윌리엄스는 수많은 음악이 등장하는 액션 영화 〈베이비 드라이버 Baby Driver〉(2017)에 무기상인 역 카메오로 출연하기도 했습니다.

“난 결코 포기하지 않을 거야. 내 사람을 찾으면… 포기란 없거든.”

— 칼(스티브 카렐), 〈크레이지, 스투피드, 러브 Crazy, Stupid, Love〉(2011)

"나보다 조금 더 똑똑하고, 덩치도 크고, 힘센 친구들도 있겠지. 하지만 누구도 나만큼 널 사랑하지는 않을 거야. 너와 난 영원한 친구니까!"

— 랜디 뉴먼(본인), 〈토이 스토리 Toy Story〉(1995) *

* **수상 이력_** 〈토이스토리〉는 당시로서는 혁신적이었던 컴퓨터 그래픽(CGI) 활용으로 아카데미 특별공헌상을 수상했을 뿐 아니라, 애니메이션으로 각본상 후보에 오른 최초의 작품이 되었습니다. 당시 촉망받는 각본가로 〈토이 스토리〉에 참여한 조스 웨던도 후보에 오른 작가 중 한 명이었지요.

"세상에 마법이라는 게 있다면…
그건 분명 누군가를 이해하고,
무언가를 공유하고자 하는
시도 안에 있을 거야.
불가능에 가까운 일이지만…
뭐 어때, 안 그래?
해답은 그 시도 안에 이미 있는데."

— 셀린(줄리 델피), 〈비포 선라이즈 Before Sunrise〉(1995)

“누구도 대신할 수 없어. 모두가 저마다 사소하고 작지만 아름다운 무언가로 이루어져 있거든.”

— 셀린(줄리 델피), 〈비포 선셋 Before Sunset〉(2004)

“사랑을 원한다면, 지금 이게 그거야. 이건 진짜 삶이니까. 완벽하지는 않지만, 진짜야.”

— 제시(에단 호크), 〈비포 미드나잇 Before Midnight〉(2014) *

* **영감의 원천_** 주인공 제시와 셀린을 연기한 에단 호크와 줄리 델피는 감독인 리처드 링클레이터와 함께 수년에 걸쳐 〈비포 선셋〉과 〈비포 미드나잇〉의 각본을 썼습니다. 식사 자리의 즉흥적인 대화에서 시작된 집필 과정은 이후 전화와 이메일, 편지 등으로 꾸준히 이어졌지요.

“신기하지 않나요. 우리 둘, 너무나도 잘….”
“잘 가요!”

— 한스 왕자와 안나 공주, 〈겨울왕국 Frozen〉(2013)

“내 미래를 걸치니 좋아 보이는데.”

— 키스(에릭 스톨츠), 〈사랑시대 Some Kind of Wonderful〉(1987)

"심장… 내 심장이 가슴에서 터져 나올 것만 같아요. 더 이상 내 것이 아니어서, 달아나고 싶어하는 것처럼. 내 심장은 당신 거예요. 원한다면 줄게요. 난 아무것도 원치 않아요. 선물도 필요 없고, 내게 헌신하는 모습도 보여줄 필요 없어요. 단지 당신도 날 사랑한다는 것만 알려주면 돼요. 내 마음 대신, 당신의 마음만 주면 돼요."

— 이베인(클레어 데인즈), 〈스타더스트 Stardust〉(2007)

"내일, 아니 내 남은 생애 언제 무슨 일이 생긴다 해도, 난 지금 행복해… 당신을 사랑하니까."

— 필 코너스(빌 머레이), 〈사랑의 블랙홀 Groundhog Day〉(1993)

"네게는 무한한 애정을 남겨둘 거야. 앞으로도. 평생 동안."

— 엠마(레아 세이두), 〈가장 따뜻한 색, 블루 La Vie d'Adèle〉(2013)

"당신은 내가 만난 그 어떤 여자보다 투지와 열정과 배짱을 지녔어."

— 로얄 테넌바움(진 해크먼), 〈로얄 테넌바움 The Royal Tenenbaums〉(2001)

“인생은 파티야. 함께 살아가.”

— 구이도 안셀미(마르첼로 마스트로얀니), 〈8과 1/2 8 1/2〉(1963) *

* **흥미로운 사실_** 이 영화의 제목은 뜻밖에 영화 내용과는 아무런 관련이 없습니다. 제목인 〈8과 1/2〉은 감독 페데리코 펠리니가 그때까지 만들어낸 영화 편수를 가리키지요. 당시 펠리니가 감독한 영화로 6편의 장편과 2편의 장편, 그리고 다른 감독과 협업한 1편이 있었습니다(펠리니 감독은 이를 “1/2편짜리 영화”로 여긴 듯합니다).

“모든 순간을 기억하고 싶어. 언제나, 언제까지나. 내 삶이 끝날 때까지.”

— 로라 제슨(셀리아 존슨), 〈밀회 Brief Encounter〉(1945)

“남들이 잠에 빠지듯 그와 사랑에 빠졌죠. 서서히, 그러다 한순간에 갑자기.”

— 헤이즐 그레이스 랭커스터(쉐일린 우들리), 〈안녕, 헤이즐 The Fault in Our Stars〉(2014)

“나 하나도 안 까다로워.
그냥 똑똑하면 돼.
똑똑하고, 예쁘고,
또 상냥하고, 친절하고, 자상하고,
세련되고, 또 사랑스럽고,
깐깐하지 않고….”

— 부치 캐시디(폴 뉴먼),
〈내일을 향해 쏴라 Butch Cassidy and the Sundance Kid〉(1969)

“아직도 사랑해?”
“언제까지나.”
— 알버스 덤블도어(마이클 갬본)와 세베루스 스네이프(앨런 릭먼), 〈해리 포터와 죽음의 성물 2부 Harry Potter and the Deathly Hallows: Part 2〉(2011)

SCENE #02

축사 & 건배사

•

자신의 사랑 이야기를 남들 앞에서 하는 것도 쉽지 않지만, 가까운 누군가의 사랑에 대해 진심을 담아 이야기하는 건 더욱 어렵습니다. 〈웨딩 크래셔 Wedding Crashers〉 초반에 존(오언 윌슨)이 언니 결혼식에 발표할 축사를 두고 클레어(레이첼 맥아담스)를 나무라는 장면이 나옵니다. 클레어는 과할 정도로 솔직한 축사를 하객들이 유머로 받아들일 거라고 생각하는 반면, 존은 진심에서 우러나는 말을 해야 한다고 믿습니다. 클레어는 자신의 고집대로 최대한 냉소적이고 웃기는 말로 축사를 시작하지만, 그 즉시 식장 분위기는 얼음장처럼 차가워집니다. 다행히 존이 눈치를 준 덕분에 클레어는 재빨리 상황을 반전하고 진심 어린 마음을 전하며 축사를 따뜻하게 마무리합니다. 남들 앞에서 연설한다는 건 결코 쉬운 일이 아니지요. 하객의 분위기를 파악해야 하고, 동시에 자기 자신도 알아야 합니다. 내 스타일을 유지하면서 하객의 정서까지 배려해야 하니 쉬울 리가 없습니다. 지금부터 소개해 드리는 대사라면, 사랑하는 가족이나 지인의 결혼식에서 여러분의 따뜻한 진심을 보여 주는 데 부족함이 없을 겁니다.

"사랑은 열정이자 집착이야. 그 사람이 없으면 살 수 없을 것 같고 돌아버릴 것 같은 게 사랑이야. 내가 미치도록 빠질 사람, 내게 미치도록 빠질 사람을 찾아야 해. 어떻게 찾냐고? 머리가 아닌 가슴의 소리에 귀를 기울여. 지금은 전혀 들리지 않잖아. 사랑이 없는 삶은, 살아도 의미가 없어. 그 길을 걸어 보지 않은 사람은, 깊은 사랑에 빠져 보지 않은 사람은 진정 삶을 살았다고 할 수 없어."

— 윌리엄 패리쉬(안소니 홉킨스), 〈조 블랙의 사랑 Meet Joe Black〉(1998)

"사랑. 제아무리 똑똑하고 머리 좋은 사람이라도 소용없어. 사랑하지 않는 배를 몰고 나가면 요동쳐 떨궈 버리거든. 하지만 마음을 다해 사랑하면 굳건히 버텨 주지. 그러니 진심으로 대해 줘."

— 말콤 레이놀즈 함장(나단 필리온), 〈세레니티 Serenity〉(2005)

"진실한 사랑이란 어딘가 있을 영혼의 반쪽을 찾는 것."

— 클레어 클리어리(레이첼 맥아담스), 〈웨딩 크래셔 Wedding Crashers〉(2005)

"운명을 믿습니까? 세월의 힘도 참된 믿음 앞에서는 무기력하다는 사실을 믿습니까? 세상에서 가장 운 좋은 자는 진실한 사랑을 찾은 자라는 것을 믿습니까?"

— 드라큐라 백작(게리 올드만), 〈드라큐라 Bram Stoker's Dracula〉(1992)

"누구도 말해줄 필요가 없어. 사랑에 빠졌다는 건 자신이 아니까. 그것도 온몸으로."

— 오라클(글로리아 포스터), 〈매트릭스 The Matrix〉(1999)

"남들은 그걸 결점이라고 하겠지만, 절대 그렇지 않아. 오히려 좋은 거지. 각자의 요상한 세계에 누구를 끌어들일지는 우리가 스스로 결정하는 거야. 넌 완벽하지 않아. 그리고 분위기 깨서 미안한데, 네가 만난 그 여자애도 완벽하지 않은 건 마찬가지야. 하지만 중요한 건 서로가 서로에게 완벽한지 아닌지야. 그게 전부지. 애정이란 그런 거야."

— 숀 맥과이어(로빈 윌리엄스), 〈굿 윌 헌팅 Good Will Hunting〉(1997) *

* **뒷이야기_** 이 장면에서 로빈 윌리엄스는 찍을 때마다 대사를 임의로 바꾸면서 즉흥연기를 펼쳤는데, 그게 어찌나 재밌었던지 카메라 담당도 웃느라 정신이 없었습니다. 영화를 잘 보시면 로빈 윌리엄스와 맷 데이먼이 나오는 이 장면에서 실제로 카메라가 흔들리는 걸 확인할 수 있습니다.

"간절히 바라면, 소원이 이뤄져."

— 소호(장 첸), 〈와호장룡 臥虎藏龍〉(2000)

"삼촌이 그랬어요. 우리는 장점을 보고 누군가를 좋아하지만, 누군가를 사랑하는 건 그 사람의 단점 때문이라고."

— 존 마이어스 요원(루퍼트 에반스), 〈헬보이 Hellboy〉(2004)

"최선은, 있는 그대로의 널 사랑해주는 사람을 찾는 거야. 기분이 좋든, 나쁘든, 추하든, 아름답든, 잘생겼든, 무슨 문제가 있든 진짜 네 반쪽이라면 네 엉덩이에서도 햇살이 비춘다고 할 거야. 그런 사람이라면 절대로 놓쳐서는 안 돼."

— 맥 맥거프(J.K. 시몬스), 〈주노 Juno〉(2007)

"사랑하지 않는 삶은, 순식간에 흘러가버려."

— 오브라이언 부인(제시카 차스테인), 〈트리 오브 라이프, The Tree of Life〉(2011)

"우리가 아는 하나의 진실이, 다시 한 번 진실임이 증명됐어. 바로 사랑, 진실한 사랑, 진정 아름다운 사랑은 결코 죽지 않는다는 진실."

— 라 무에르테(토니타 카스트로), 〈마놀로와 마법의 책 The Book of Life〉(2014)

"이 애비 얘기 듣기 싫은 거 안다. 나도 마찬가지였으니까. 하지만 지금부터 내가 하는 얘길 잘 들어야 돼. 이럴 때 삶이 네게 손을 뻗으면, 너도 손을 뻗어 잡아줘야 돼. 그렇게 하지 않는 건 죄악이야. 분명히 말하지만, 이럴 때 손을 뻗어주지 않는 건 죄악이야."

— 팻 솔라티노 시니어(로버트 드 니로), 〈실버라이닝 플레이북 Silver Linings Playbook〉(2012) *

* **흥미로운 사실_** 실제로 〈실버라이닝 플레이북〉이라는 제목은 영화 상영 내내 등장하지 않습니다. 영화가 끝나고 크레딧이 올라가기 직전에 나오지요.

"서로에게 멋진 존재가 되자."

— 에이브러햄 링컨(로버트 V. 바론),
〈엑설런트 어드벤쳐 Bill & Ted's Excellent Adventure〉(1989)

"살면서 마주하는 질문 중에 의미가 있는 건 4가지밖에 없습니다. 성스러운 것은 무엇인가? 혼은 무엇으로 만들어졌는가? 무엇 때문에 사는가? 무엇 때문에 죽는가? 이 모든 질문의 답은 단 하나, 사랑입니다."

— 돈 쥬앙(조니 뎁), 〈돈 쥬앙 Don Juan DeMarco〉(1994)

"있지, 내가 19살 때 할아버지가 롤러코스터를 태워줬어. 올라가고, 내려가고, 올라가고, 내려가고. 어찌나 신나던지! 자꾸 가고 싶었단다. 너무 놀랍고, 또 무섭고, 울렁거리고, 신나고, 흥분되는 기분이 롤러코스터를 타면 한번에 느껴지잖니! 싫어하는 애들도 있었어. 그런 애들은 회전목마를 탔지. 회전목마는 그냥 돌고, 돌고, 또 돌 뿐이야. 그게 다야. 난 항상 롤러코스터가 좋았어. 훨씬 더 신나잖니."

— 할머니(헬렌 쇼), 〈우리 아빠 야호 Parenthood〉(1989) *

* **뒷이야기_** 론 하워드 감독은 자신이 만든 이 영화를 한 번도 아니고 두 번이나 TV 시리즈로 각색했습니다. 첫 각색이었던 1990년 시리즈는 시청자와 평단 양쪽 모두 반응이 미지근했던 탓에 1시즌만 방영되었습니다. 2010년의 두 번째 시리즈는 총 6시즌 동안 방영되며 인기를 얻었고, 에미상 후보에도 몇 차례 오르는 데 성공했습니다.

"동반자가 있는 삶이 좋아. 누구나 부조종사가 필요하니까."

— 라이언 빙햄(조지 클루니), 〈인 디 에어 Up In The Air〉(2009)

"홀로 다니면 방랑자일 뿐이지만, 둘이 모이면 어딘가를 향하게 되잖아요."

— 매들린 엘스터/주디 바튼(킴 노박), 〈현기증 Vertigo〉(1958)

**"네 마음은 자유롭다.
그걸 따를 용기를 가져라."**

— 말콤 월러스(숀 라울러),
〈브레이브하트 Braveheart〉(1995)

"소중한 친구여, 내 말 좀 들어줘요.
나 평생 당신 곁에서
저 하늘을 별을 보며
함께 앉아 있고 싶어요, 지금 그리고 영원히
누가 봐도 우리 둘은
서로의 운명이니까."

— 잭 스켈링톤(대니 엘프만/크리스 서랜던),
〈크리스마스 악몽 The Nightmare Before Christmas〉(1993)*

* **캐스팅 비화_** 잭 스켈링톤의 노래는 영화 사운드트랙을 작곡하고 가사를 쓴 작곡가 대니 엘프만이 맡았습니다.

**"잊지 마, 웃음이 비명보다
10배 더 강하다는 걸."**

— 마이크 와조스키(빌리 크리스탈),
〈몬스터 주식회사 Monsters Inc.〉(2001)

"최고의 사랑은 영혼을 일깨우고, 더 많은 것을 향해 손을 뻗게 하며, 우리 마음에 열정을 심고, 마음에 평화를 가져온다.

— 노아(라이언 고슬링), 〈노트북 The Notebook〉(2004)

"전장에 나가기 전에 건배하자. 진실한 사랑. 어떠한 형태로 나타나든. 나중에 늙어 노망이 나더라도, 자랑스럽게 말하자. 나도 한때 사랑받았던 적 있다고."

— 개러스(사이먼 캘로우), 〈네 번의 결혼식과 한 번의 장례식 Four Weddings and a Funeral〉(1994)

"하지만 확실히 아는 것도 있다. 소금은 항상 왼쪽 어깨 너머로 던져야 하고, 로즈마리는 정원 입구 옆에 두어야 하며, 행운을 위해 라벤더를 심어야 하고, 사랑이 찾아오면 언제든 빠져들어야 한다."

— 샐리 오웬스(산드라 불럭), 〈프랙티컬 매직 Practical Magic〉(1998)

"누군가를 사랑한다면, 꼭 표현을 해야 돼. 그 순간, 큰 소리로. 그러지 않으면… 사라져 버리고 말아."

— 마이클(더몬트 멀로니), 〈내 남자친구의 결혼식 My Best Friend's Wedding〉(1997)

"의료, 법, 사업, 기술도 물론 고귀하고, 삶을 유지하는 데 필요한 요소지. 하지만 시, 미, 낭만, 그리고 사랑은 우리가 살아가는 이유야."

— 존 키팅(로빈 윌리엄스), 〈죽은 시인의 사회 Dead Poets Society〉(1989)

"내 딸 잘 부탁한다. 그게 네 일이야. 항상 널 아들처럼 생각했어. 처음부터. 그랬던 네가 그레이스와 결혼한다니, 정말 뿌듯하구나."

— 해리 스탬퍼(브루스 윌리스), 〈아마겟돈 Armageddon〉(1998)

“하나였던 입자를 둘로 나누어 각자 저 멀리, 우주 반대편 끝까지 떨어뜨려도 그중 하나에게 영향을 주면 즉시 나머지 하나도 영향을 받는다는 거야.”

— 아담(톰 히들스턴), 〈오직 사랑하는 이들만이 살아남는다 Only Lovers Left Alive〉(2013)

“자신을 사랑하는 여인보다 남자에게 더 매력적인 존재는 없지.”

— 엘자 슈레이더 남작 부인(엘리너 파커), 〈사운드 오브 뮤직 The Sound of Music〉(1965)

“나도 모든 걸 다 알지는 못합니다. 솔직히 내 인생은 성공과 실패의 연속이었죠. 하지만 난 내 아내를 사랑해요. 내 인생을 사랑하고요. 이게 성공이라면, 여러분도 성공하길 빕니다.”

— 디키 폭스(제러드 저심), 〈제리 맥과이어 Jerry Maguire〉(1996)

“삶이 주는 가장 고귀한 교훈은 사랑하라는 것, 그리고 그만큼 사랑받는 것.”

— 크리스티앙(이완 맥그리거), 〈물랑 루즈 Moulin Rouge〉(2001)

S C E N E # 0 3

우스개들

•

〈스트레인저 댄 픽션 Stranger Than Fiction〉에서 줄스 힐버트 교수(더스틴 호프만)가 말했듯, 이야기에는 2가지 종류가 있습니다. 바로, 희극과 비극입니다. 비극에 죽음이 있다면, 희극에는 결혼이 있습니다. 독자 여러분도 여러분만의 희극에 대비해야죠. 우스개 하나 정도 장착해 두면 쓸데가 생깁니다. 여러분이 그루초 막스(전설적인 희극 배우)가 아닌 이상 필요에 따라 현장에서 조달하는 건 쉬운 일이 아니니까요. 화려한 연설도, 따뜻한 이야기도, 유머가 없으면 밋밋하게 들리기 쉽습니다. 준비 없이 아무 말이나 던졌다가, 돌아오는 침묵을 감당 못해 얼어버리는 일이 생기면 곤란하겠지요. 여기 오랜 세월에 걸쳐 검증된 영화 대사들이 준비되어 있습니다.

* 주의_ 일부 대사는 친한 사이끼리만 사용하세요.

“한 남자가 정신과 의사에게 가서 말했습니다. ‘선생님, 우리 형이 미쳤어요. 자기가 닭인 줄 알아요.’ 의사가 말했습니다. ‘음, 그럼 일단 형님을 입원시키시지요.’ 남자가 대답했습니다. ‘그러고 싶지만 그럼 달걀을 못 낳잖아요.’ 제가 남녀관계에서 느끼는 기분도 이와 비슷합니다. 말도 안 되고, 모든 게 어처구니없죠. 하지만 저도 그렇고, 사람들은 그저… 그저 그렇게 살아갑니다, 왜냐하면 대부분의 사람들은… 달걀이 필요하니까요.”

— 알비 싱어(우디 앨런), 〈애니 홀 Annie Hall〉(1977)

"우린 하나라는 것. 언뜻 제각각인 듯 보이지만, 결국 우린 모두 하나야. 영국 총리, 내 사촌 해리, 나, 당신, 올슨 쌍둥이 자매, 나탈리 포트만, 〈호밀밭의 파수꾼〉을 쓴 작가, 냇 킹 콜, 제이 지, 위어드 알 얀코빅, 해리 포터, 밤거리의 창녀, 당신 엄마. 우린 다 하나야."

— 제레미 그레이(빈스 본), 〈웨딩 크래셔 Wedding Crashers〉(2005)

"난 그녀를 미워할 때도 사랑했습니다. 이건 결혼해 본 사람들만 이해할 겁니다."

— 칼(스티브 카렐), 〈크레이지, 스투피드, 러브 Crazy, Stupid, Love〉(2011)

"남자가 머리라면, 여자는 목이야. 그러니까 원하는 대로 머리를 돌릴 수 있다고."

— 마리아 포토칼로스(레이니 카잔), 〈나의 그리스식 웨딩 My Big Fat Greek Wedding〉(2002)

"남편이 모르는 사실은 아내에게도 해를 입히지 않아요."

— 애나(모디 에번), 〈사느냐 죽느냐 To Be or Not To Be〉(1942)

"사랑이라는 거, 원래 좆같은 거잖아요, 안 그래요?"

— 웨이터(브라이언 칼렌), 〈올드 스쿨 Old School〉(2003)

"제아무리 강호의 고수라 해도, 연정 앞에서는 바보가 되는 법."

— 철 대인(랑웅), 〈와호장룡 臥虎藏龍〉(2000)

"우리 둘 다 주례 앞에서 '네'라고 해놓고선 그 뒤로 싸움질만 했지."

— 스튜어트 매켄지(마이크 마이어스),
〈그래서 난 도끼 부인과 결혼했다 So I Married an Axe Murderer〉(1993) *

* **흥미로운 사실_** 마이크 마이어스는 〈그래서 난 도끼 부인과 결혼했다〉에서 찰리와 찰리 아버지 스튜어트로 1인 2역을 맡았습니다. 스튜어트 캐릭터는 실제 마이어스의 아버지를 많이 참고했다고 합니다.

"사랑, 까짓것 부딪혀 보죠. 죽기야 하겠어요."

— 샘(토마스 브로디 생스터), 〈러브 액츄얼리 Love Actually〉(2003)

"오늘이 가기 전에 결혼식을 올리든가, 아니면 교수형을 집행할 것이다. 둘 중 뭐가 됐든 얼마나 재밌겠어, 안 그래?"

— 존 왕자(리처드 루이스), 〈못 말리는 로빈 훗 Robin Hood: Men in Tights〉(1993)

“사랑은 고통이야. 고통을 피하려면 사랑하지 않으면 돼. 그러나 그렇게 되면 사랑하지 않기에 고통스럽지. 그러니까 결국 사랑은 고통, 사랑하지 않는 것도 고통, 고통은 고통이야. 행복은 사랑이야. 그러니까 행복 역시 고통이거든. 하지만 고통받는 이는 불행해. 그러므로 불행하려면 사랑을 하든가, 고통을 사랑하든가, 아니면 행복에 겨워 고통스러우면 돼. 내 말 적고 있지?”

— 소냐(다이안 키튼), 〈사랑과 죽음 Love and Death〉(1975)

“어떤 나라에서는 도둑질하면 벌로 결혼을 시킨다더라.”

— 웨인 캠벨(마이크 마이어스), 〈웨인즈 월드 Wayne’s World〉(1992)

"그럼 원 없이 즐겨 봅시다. 길에선 춤을 추고, 주점에선 술을 마시고, 응접실에선 사랑을 나눕시다."

— 오티스 B. 드리프트우드(그루초 막스), 〈오페라의 밤 A Night at the Opera〉(1935)

"남자의 인생에는 굉장히 중요한 몇 가지 사건이 있어. 첫 경험, 결혼, 아버지가 되는 일, 그리고 멋진 여자의 미소를 받는 것."

— 커비 키거(에밀리오 에즈테베즈), 〈열정 St. Elmo's Fire〉(1985)

"당연히 신나는 일이어야지. 네 결혼식이잖아… 살면서 몇 번이나 한다고!"

— 수지 반스 에일하우어(알리슨 브리), 〈5년째 약혼 중 The Five-Year Engagement〉(2012)

"릴리언과 저는 학교에서 스페인어 수업을 함께 들었어요. 그러니 여기 계신 분들께 이렇게 말씀드릴게요. '그라시아스 파라 비바르 엔 라 까사, 엔 라 에스꾸엘라스, 엔… 엔 라 아줄… 마르까다. 티에네스 콘 비비르 엔 라스 포르투아브사 그리고 그라시아스.'"

— 애니(크리스틴 위그), 〈내 여자친구의 결혼식 Bridesmaids〉(2011)

"언젠가 우리도 이곳에 묻히겠지요. 땅 속 깊이, 옆에 나란히, 관도 커플로 맞춰서. 생명 없는 시신으로 영원히 함께 썩어 가겠지요."
"까라 미아."
— 모티시아 아담스&고메즈 아담스(안젤리카 휴스턴 & 라울 줄리아), 〈아담스 패밀리 The Addams Family〉(1991)

"당신은 너무나 아름답고 평온해 보여. 마치 죽은 사람 같아. 난 정말 기뻐. 오래전부터 꼭 해보고 싶은 말이 있었는데, 진짜로 어려운 말이거든. 간장공장 공장장은 강공장장이고 된장공장 공장장은 공공장장이다. 봐, 당신 곁에 있으니 이렇게 편안하잖아. 이런 기분 처음이야."

— 네이빈 R. 존슨(스티브 마틴), 〈바보 네이빈 The Jerk〉(1979)

"널 사랑해. 사랑이 그저 공허한 외침이고, 망각은 필연이며, 우린 모두 죽을 거라는 거 잘 알아. 이 모든 노력도 결국 언젠가는 먼지가 되어 사라질 거라는 사실도 알고, 언젠가 태양이 하나밖에 없는 지구를 삼켜 버릴 거라는 것도 잘 알아. 그럼에도 지금 널 사랑해."

— 어거스터스 워터스(안셀 엘고트), 〈안녕, 헤이즐 The Fault in Our Stars〉(2014)

"천생연분을 만나면 시간이 멈춘다고 하지. 그 말은 사실이야. 하지만 멈췄던 시간이 다시 흐르기 시작하면, 그때는 너무 빨라서 따라잡을 수가 없어."

— 에드워드 블룸(알버트 피니), 〈빅 피쉬 Big Fish〉(2003)

"칼 융에 따르면 인간에게는 6번째 감각, 즉 직감이 있어. 누군가를 만났는데, 딱 그 사람 없이는 살 수 없겠다는 느낌이 오는 거야. 이건 집단 무의식에 감춰져 있던 지나간 사랑의 기억일 수도 있어. 아니면 그냥 호르몬 때문일지도 모르고."

— 일레인 밀러(프랜시스 맥도먼드), 〈올모스트 페이머스 Almost Famous〉(2000)

"그녀는 신이 존재한다는 유일한 증거야. 빨래할 때마다 건조기에서 양말 한 짝이 사라지는 신비로운 현상 빼고."

— 커비 키거(에밀리오 에즈테베즈), 〈열정 St. Elmo's Fire〉(1985)

"바로 그때가 특별한 사람을 만났다는 걸 깨닫는 순간이죠. 아가리 닥치고 침묵을 편안하게 즐길 수 있는 그 순간."

— 미아 월러스(우머 서먼), 〈펄프 픽션 Pulp Fiction〉(1994)

"남편은 와인과 같아. 숙성에 오랜 시간이 걸리지."

— 도나텔라(리디아 비온디), 〈레터스 투 줄리엣 Letters to Juliet〉(2010)

"파산한 이 세상에 통용되는 유일한 화폐는, 네가 형편없을 때도 누군가와 공유하는 바로 그거야."

— 레스터 뱅스(필립 세이모어 호프만), 〈올모스트 페이머스 Almost Famous〉(2000)

**"난 그저 상냥한 여자,
외모도 적당히 맘에 드는
그런 여자를 만나서, 그녀도
내 얼굴 보고 어디 가서 토하고
그러지만 않으면 되니까,
대충 청혼하고 결혼해서
행복하게 살고 싶어.
우리 부모님도 그래서 잘 살았거든.
아, 이혼하고 뭐 그런 건
있었지만."**

— 톰(제임스 플릿),
〈네 번의 결혼식과 한 번의 장례식 Four Weddings and a Funeral〉(1994)

"사랑에 빠진 사람은 누구든 미친 거 같아. 사랑이라는 게 미친 짓이거든. 뭐랄까, 사회적으로 용인된 광기랄까."

— 에이미(에이미 아담스), 〈그녀 Her〉(2013)

"그녀를 위해서라면 기꺼이 죽겠어. 그녀를 위해서라면 살인도 마다않겠어. 어느 쪽이든 축복 아닌가!"

— 고메즈 아담스(라울 줄리아), 〈아담스 패밀리 The Addams Family〉(1993)

"당신은 내게 과분해요. 나 같은 사람 백 명이 있어도 부족할 만큼. 난 당신을 최고로 불행하게 할 거예요. 그건 나도 최선을 다할 수 있는 분야죠."

— 트레이시 로드(캐서린 헵번), 〈필라델피아 스토리 The Philadelphia Story〉(1940)

"우리 사랑은 우주최강이야. 가서 슬러시나 마시자."

— J. D.(크리스찬 슬레이터), 〈헤더스 Heathers〉(1989)

"다 큰 남자들이나 여자를 무서워하지."

— 쿠르트 폰 트랩(듀앤 체이스),
〈사운드 오브 뮤직 The Sound of Music〉(1965)

“당신을 사랑해요.
남들이 말하는 사랑은 사랑이
아니에요. 나도 몰랐지만,
사랑은 마냥 아름다운 게
아니었어요. 모든 걸 망치죠.
마음을 찢어놓고, 전부 뒤죽박죽
엉망으로 만들어요. 우린 뭘
완벽하게 하려는 게 아니에요.
눈송이가 완벽하죠. 별이 완벽하고.
우린 아니에요. 우린 아니라고요.
우린 스스로를 망치고,
마음을 찢어 놓고,
엉뚱한 사람을 사랑하다
죽는 거예요.”

— 로니 카마레리(니콜라스 케이지), 〈문스트럭 Moonstruck〉(1987)

결혼을 다룬 영화들

필라델피아 스토리 The Philadelphia Story(1940)

감독 조지 큐커 **각본** 도널드 오그든 스튜어트

주연 캐서린 헵번, 캐리 그랜트, 제임스 스튜어트

한 유명 사교계 인사의 두 번째 결혼식이 그녀의 전남편과 그가 고용한 기자 때문에 엉망이 됩니다. 전남편은 여전히 그녀를 잊지 못하고 있고, 결혼식을 취재하기로 했던 앞뒤 가리지 않는 기자는 어처구니없게도 취재 대상인 그녀와 사랑에 빠져 버립니다. 캐서린 헵번이 하워드 휴즈를 통해 이 영화의 판권을 구입한 일은 무척 유명하지요. 헵번은 이 영화로 일약 스타덤에 올랐습니다.

몬순 웨딩 Monsoon Wedding(2001)

감독 미라 네어 **각본** 사브리나 다완

주연 바순다라 다스, 파빈 다바스

길고 긴 장마를 앞두고 화려한 결혼식을 준비 중인 인도 델리의 한 가정을 통해 가족과 전통의 의미를 살핍니다. 그동안 감춰 두었던 갈등과 불륜 등의 문제들이 결혼식을 계기로 수면 위에 오르며 혼돈의 문이 열리고 맙니다. 감독인 네어는 본 작품을 뮤지컬로 각색해 캘리포니아 버클리에서 무대에 올리기도 했습니다.

내 여자친구의 결혼식 Bridesmaids(2011)

감독 폴 페이그 **각본** 애니 머몰로, 크리스틴 위그
주연 크리스틴 위그, 마야 루돌프, 로즈 번, 멜리사 매카시

하는 일마다 꼬이고 꼬이는 덕에 안 그래도 불행한 주인공 애니가, 갑작스레 결혼을 선언한 친구 릴리언의 결혼식에 들러리를 서기로 하며 오랜 친구들과의 우정에 조금씩 금이 가기 시작합니다. 이 영화를 계기로 여성 캐릭터 중심의 성인 취향 코미디가 속속 등장하기 시작했습니다.

신부의 아버지 Father of the Bride(1950)

감독 빈센트 미넬리 **각본** 프란세스 구드리치, 앨버트 해킷
주연 스펜서 트레이시, 조안 베넷, 엘리자베스 테일러

완고하지만 딸을 사랑하는 아버지가 성심성의껏 딸의 결혼식을 준비하나, 마음과는 다르게 하나부터 열까지 엉망진창이 됩니다. 〈신부의 아버지〉는 1991년 스티브 마틴 주연으로 리메이크되어 평단과 관객이라는 두 마리 토끼를 모두 잡았습니다. 덕분에 속편까지 제작했지요.

프린세스 브라이드 The Princess Bride(1987)

감독 롭 라이너 **각본** 윌리엄 골드먼 **주연** 캐리 엘위스, 로빈 라이트, 맨디 파틴킨

역대 최고의 각본가 중 하나로 손꼽히는 윌리엄 골드먼이 참여한 〈프린세스 브라이드〉는 해적, 칼싸움, 고문, 어마어마하게 큰 쥐에 심지어 키스까지 더해진, 기발하고 정신없는 판타지 영화입니다. 이 영화의 성공에 힘입어 골드먼의 원작 소설도 많은 인기를 끌었지요.

뮤리엘의 웨딩
Muriel's Wedding(1994)

각본/감독 P. J. 호건 **주연** 토니 콜렛, 빌 헌터, 레이첼 그리피스

아바에 푹 빠진 왕따 뮤리엘이 상황을 반전시키기 위해 화려한 결혼식을 꾸미고, 그 과정에서 자기 자신도 몰랐던 내면의 적극성을 발견합니다. 주연을 맡은 토니 콜렛은 이 영화를 계기로 배우로서의 커리어에 날개를 달게 되었습니다.

네 번의 결혼식과 한 번의 장례식
Four Weddings and a Funeral(1994)

감독 마이크 뉴웰 **각본** 리처드 커티스 **주연** 휴 그랜트, 앤디 맥도웰, 크리스틴 스콧 토마스

남의 결혼식은 열심히 챙기면서 정작 자기는 결혼과 인연이 없는 영국 남자 찰스가, 쾌활한 미국 여자 캐리를 만나 여러 번의 결혼식과 한 번의 장례식을 거치며 진정한 사랑에 눈을 뜬다는 내용의 코미디입니다. 저예산으로 제작된 영화이지만 영국과 미국 양쪽에서 모두 흥행에 성공했습니다.

웨딩 크래셔
Wedding Crashers(2005)

감독 데이비드 돕킨
각본 스티브 페이버, 밥 피셔
주연 오웬 윌슨, 빈스 본, 레이첼 맥아담스

제대로 성인 취향인 이 영화의 두 주인공은 알지도 못하는 남의 결혼식에 가서 진탕 먹고 마시고 여자들 꼬시며 난장판 만드는 게 취미입니다. 그러던 어느 날 한 유명 장관 딸의 결혼식 소식을 들은 그들은 몰래 현장에 잠입해 평소처럼 여자들에게 손을 뻗는데, 공교롭게도 그중 한 명이 바로 곧 신부가 될 당사자의 동생이었습니다. 〈행오버 The Hangover〉를 비롯해 2000년대 중반에 양산된 성인 코미디 붐의 신호탄이 된 작품입니다.

결혼 피로연 喜宴 (1993)

감독 이안 **각본** 이안, 닐 펭, 제임스 샤머스
주연 조문선, 미첼 릭텐스타인, 메이 친

대만 출신의 게이 이민자로 뉴욕에서 파트너와 함께 생활 중인 웨이퉁은 그를 만나러 온 부모님에게 이 사실을 숨기려 합니다. 웨이퉁과 결혼해 미국 영주권을 얻을 생각인 여성을 신붓감으로 데려온 부모님은 아들에게 대만의 전통 결혼식과 피로연을 열어주려고 합니다. 이안 감독은 이 영화를 통해 동양과 서양의 문화뿐만 아니라 양쪽의 영화적 특성까지 잘 버무렸다는 평을 받았습니다.

웨딩 싱어 The Wedding Singer(1998)

감독 프랭크 코라치 **각본** 팀 헐리히
주연 아담 샌들러, 드류 베리모어

결혼식 피로연 가수였던 주인공 로비는 정작 자기 결혼식에서 신부에게 버림받고, 그때부터 남의 결혼식에 훼방을 놓기 시작합니다. 그렇게 방황하던 로비는 웨이트리스 줄리아를 만나, 그녀의 결혼 준비를 도우며 진정한 사랑에 눈을 뜨게 됩니다. 아담 샌들러와 드류 베리모어가 연인으로 등장하는 세 편의 영화 중 가장 먼저 개봉한 작품입니다.

3

스포츠

동기부여와 위로

3

SPORTS

스포츠

동기부여와 위로

"게임 온!"

— 웨인 캠벨(마이크 마이어스), 〈웨인즈 월드 Wayne's World〉(1992)

미국 프로 스포츠의 발전에 직접 큰 영향을 준 것이 있습니다. 바로 활동사진입니다. 초기의 스포츠 슈퍼스타들이 스포츠 스타인 동시에 영화 스타였다는 사실은 그다지 놀랍지 않습니다. 베이브 루스, 루 게릭, 테드 윌리엄스 등의 모습은 중계방송에서뿐만 아니라 뉴스를 타고 전 세계로 퍼져나갔습니다. 1936년 베를린 올림픽에서 승리를 향해 질주하던 제시 오언스의 모습은 자부심과 새로움의 상징이 되어 사람들의 뇌리에 뜨겁게 박혀 있습니다.

스포츠는 흥미진진한 이야깃거리와 영감을 줍니다. 스

포츠는 우리가 스스로에게서 찾고 싶어하는, 불굴의 정신과 강인한 인간성을 드러냅니다. 이만큼 영화화하기에 적절한 소재가 또 있을까요.

그런 점에서 영화사상 가장 감동적이고, 열정적이고, 기억에 남는 연설을 스포츠 영화에서 발견할 수 있다는 사실 역시 전혀 이상할 게 없습니다. 한 시즌 전체를 90분으로 응축할 수도 있고, 놀라운 실화 하나를 가져와 영화적 요소를 결합해 재구성할 수도 있습니다. 영화와 스포츠의 관계는 여기서 그치지 않습니다. 한 편의 영화가 미래의 스포츠 선수들에게 알게 모르게 영향을 주는 경우는 무척 흔한 편에 속하지요. 〈맨발의 조 Shoeless Joe〉에서 아이오와 옥수수밭에 뜬 공을 조 잭슨이 처음으로 잡는 모습을 본 어린 소녀도, 〈록키 Rocky〉에서 록키 발보아가 밟았던 바로 그 필라델피아 미술관 정문 계단을 수십 차례 왕복하는 청년도, 자신이 모르는 사이 그들로부터 영향을 받았을 겁니다. 영화와 스포츠라는 이 막강한 조합은 사람들의 정서, 나아가 영혼에까지 큰 영향을 주는 게 틀림없습니다.

SCENE #01

동기부여

•

운동을 가르쳐본 사람이나 선수로서 참여해본 사람은 누구나 알겠지만, 하나의 시즌은 사람을 그야말로 녹초로 만듭니다. 단 한 번의 실전을 위해 그들은 셀 수 없이 많은 시간을 준비하고, 형언할 수 없을 만큼의 에너지를 쏟아붓습니다. 그러므로 시즌이 절반쯤 지나면, 시작했을 때 다잡았던 동기도 어느 정도 풀어져 있기 십상이라는 걸 얼마든지 짐작할 수 있습니다. 전설로 손꼽히는 영화, 역사 속에 잊힌 영화 등 수많은 스포츠 영화에서 고르고 고른 멋진 대사를 이곳에 모았습니다. 앞에는 상대 팀, 뒤로는 피로라는 적수를 맞아 힘겨운 싸움을 이어가야만 하는 여러분에게, 부디 이 대사들이 힘과 영감을 줄 수 있기를 바랍니다.

“스피드와 카오스 사이에서 정신을 차리고, 악귀 코브라처럼 땅바닥에 딱 붙어 싸우며 버텨야 해요! 그러다 배꼽 밑에서부터 두려움이 스멀스멀 올라오면, 그걸 이용하는 거예요. 두려움이 무섭다는 건 알죠. 수십억 년 전부터 내려온 본능이니까. 그건 좋은 거예요. 그러니 그걸 이용해요. 두려움에 올라타요. 지옥문을 박살내고 뛰쳐나온 해골 말에 올라타듯, 그리고 승리하는 거예요!”

— 수전(에이미 아담스), 〈텔라데가 나이트: 리키 바비의 발라드 Talladega Nights: The Ballad of Ricky Bobby〉(2006)

"이건 내 싸움이에요. 누구에게나 이런 싸움이 있잖아요."

— 제이크 타일러(숀 페리스), 〈겟 썸 Never Back Down〉(2008)

"누가 너희들한테 훌륭한 선수가 되라고 했나? 너희들은 하고 싶으니까 하는 거야. 즐거우니까 하는 거라고. 경기장에 나가서 조 몬타나처럼 터치다운 패스도 해보고, 에밋 스미스처럼 원 없이 뛰어볼 수도 있으니까 하는 거야. 저 카우보이 녀석들이 너희보다 잘한다고 해도, 그래서 100번 중에 99번을 진다고 해도…."

— 대니 오셔(릭 모라니스), 〈리틀 자이언트 Little Giants〉(1994)

"최선을 다해 집중하고 노력하는 모습을 보여준다면, 경기가 끝나고 점수판에 뭐라고 적혀 있든 그건 중요하지 않아. 내 사전에는 여러분이 승자다."

— 노먼 데일 코치(진 해크먼), 〈후지어 Hoosiers〉(1986)

"대충해도 대학은 마칠 수 있어. 대충해도 인생은 마칠 수 있어. 하지만 내 말 똑바로 들어. 귓구멍 열고 똑바로 들으란 말이야. 대충해서는 절대로 이기지 못해!"

— 피트 벨(닉 놀테), 〈NBA 챔프 Blue Chips〉(1994)

"훈련은 아무것도 아냐! 중요한 건 의지야!"

— 헨리 듀카드(리암 니슨), 〈배트맨 비긴즈 Batman Begins〉(2005)

"실패는 선택지에 없다."
— 진 크랜즈(에드 해리스), 〈아폴로 13 Apollo 13〉(1995)

"경기장에서 뛰는 다섯 명의 선수는 하나의 팀이다. 팀, 팀, 팀. 다섯 명 모두가 똑같이 중요하다."
— 노먼 데일 코치(진 해크먼), 〈후지어 Hoosiers〉(1986)

"이 구장, 그리고 야구. 이건 뗄 수 없는 우리의 과거야. 좋았던 그 시절이 다시 올 수 있을 거라는 생각을 하게 해."

— 테렌스 만(제임스 얼 존스), 〈꿈의 구장 Field of Dreams〉(1989)*

* **뒷이야기_** 〈꿈의 구장〉의 원작 소설 〈맨발의 조 Shoeless Joe〉에서 레이 킨셀라가 야구장으로 데려온 작가는 바로 그 유명한 J. D. 샐린저(〈호밀밭의 파수꾼〉을 쓴 소설가)입니다. 영화 제작 당시 샐린저가 자신의 이름을 사용하면 영화사를 고소하겠다고 으름장을 놓은 탓에, 감독이자 각본을 쓴 필 알덴 로빈슨은 샐린저와 비슷한 가상의 인물을 구상해야만 했습니다.

"이기든 지든, 우린 당당히 고개를 들고 경기장을 나갈 거야. 최선을 다해. 중요한 건 그거야."

— 분 코치(덴젤 워싱턴), 〈리멤버 타이탄 Remember The Titans〉(2000)

"투지는 어디 갔어? 배짱은 어디다 갖다 버렸어? 우리 생애 최고의 밤이 될 수도 있는 오늘을, 꼭 그렇게 최악으로 만들어야겠어? '너랑 가기 무서워, 무슨 일 생기면 어떡해.' 웃기지 마, 이 자식들아! 난 됐어! 난 그냥 넘어가지 않을 거야!"

— 블루토(존 벨루시), 〈애니멀 하우스의 악동들 Animal House〉(1978)

"오늘 우리가 남기는 족적은 앞으로도 영원할 것이다."

— 막시무스 데시무스 메리디우스(러셀 크로우), 〈글래디에이터 Gladiator〉(2000)

"내가 어떻게 이겼는지 알고 싶어? 알려주지. 난 돌아갈 힘을 남겨두지 않아. 그래서 이길 수 있었던 거야."

— 빈센트 프리맨(에단 호크), 〈가타카 Gattaca〉(1997)

“이제 밖으로 나가 남은 24분만을 위해 남은 24분을 뛰자. 그리고 모든 걸 경기장에 두고 떠나는 거야. 아마도 앞으로의 삶은 별 볼일 없겠지만, 우리에겐 남은 후반전 동안 신화처럼 풋볼을 할 기회가 있어.”

— 조나단 목스 막슨(제임스 반 데 빅), 〈그들만의 계절 Varsity Blues〉(1999)

“그 유니폼을 입는 순간, 너희는 너희 자신뿐만 아니라 팀 모두를 대표하게 된다. 그리고 분명히 말하지만, 유니폼 뒤에 적힌 이름보다 앞에 적힌 이름이 훨씬 더 중요해! 그걸 잊지 마라!”

— 허브 브룩스(커트 러셀), 〈미라클 Miracle〉(2004)

“절대 포기하지 마. 절대 항복하지 마!”

— 제이슨 네스미스(팀 알렌), 〈갤럭시 퀘스트 Galaxy Quest〉(1999)

"이제 포기할래요? 아니면 아직 멀었어요?"

— 케빈 맥칼리스터(맥컬리 컬킨), 〈나 홀로 집에 Home Alone〉(1990)

"재능은 운이지. 인생에서 가장 중요한 건 용기야."
— 아이삭 모티머 데이비스(우디 앨런), 〈맨하탄 Manhattan〉(1979)

"당연히 힘들지. 원래 힘든 거요. 힘들지 않았다면 모두가 해냈겠지. 힘들기 때문에 할 만한 가치가 있는 거요."
— 지미 듀건(톰 행크스), 〈그들만의 리그 A League of Their Own〉(1992)

"스텝 하나. 펀치 하나. 라운드 하나."

— 록키 발보아(실베스터 스탤론), 〈크리드 Creed〉(2015)*

* **흥미로운 사실_** 〈크리드〉는 록키 시리즈 중에 실베스터 스탤론이 각본을 쓰지 않은 유일한 작품입니다. 각본/감독을 맡은 라이언 쿠글러가 시리즈의 오랜 프로듀서인 어윈 윙클러와 스탤론을 설득한 덕분에 영화가 제작될 수 있었습니다.

"두렵다는 이유로 여기서 엉망으로 플레이하면 우리에게 남는 건 핑계뿐이야. 평생을 후회하겠지. 하지만 나가서 최선을, 진정 모든 걸 다 한다면… 그건 영웅이야. 가서 영웅이 되자!"
— 조나단 목스 막슨(제임스 반 데 빅), 〈그들만의 계절 Varsity Blues〉(1999)

"괜히 흥분해서 포기하면 이기지도, 살아 있지도 못하니까. 싸움이란 게 그런 겁니다."

— 조시 웰즈(클린트 이스트우드), 〈무법자 조시 웰즈 The Outlaw Josey Wales〉(1976)

"투지가 없으면, 승리도 없어요."

— 크리스티나 페그니아시(카메론 디아즈), 〈애니 기븐 선데이 Any Given Sunday〉(1999)

"최고의 순간은 절호의 기회에서 나온다. 오늘밤이 바로 그런 순간이다. 너희가 얻어낸 기회야. 단 한 번의 기회. 10번 싸우면 저들이 9번 이기겠지. 하지만 오늘은 그런 경기가 아니야. 오늘 우리는 당당하게 저들과 맞설 거야. 당당히 맞서 물리칠 거야. 우리에겐 그럴 능력이 있으니까! 오늘밤만은 우리가 세계 최강의 하키 팀이다. 너희 모두 타고난 하키 선수야. 너희 모두가. 이건 너희 모두의 운명이다. 저들의 순간은 끝났어. 오늘은 너희의 날이고, 지금은 너희의 시대니까."

— 허브 브룩스(커트 러셀), 〈미라클 Miracle〉(2004)

“생각을 하지 말고
흐름에 몸을 맡겨.
공이 되는 거야.”

— 타이 웹(체비 체이스), 〈캐디쉑 Caddyshack〉(1980)

“고통은 치유되고, 여자들은 흉터를 좋아하고, 영광은… 영원해.”

— 쉐인 팔코(키아누 리브스), 〈리플레이스먼트 The Replacements〉(2000)

“당장 저 위에 올라가서 지금까지
널 괴롭혔던 좆같은 것들을
다 쏟아내. 좆같았던 세월,
좆같았던 일들, 전부 다 링 위에서
터뜨려 버리란 말이야.
오늘의 승자는 너야. 너란 말이야.”

— 디키 에클런드(크리스찬 베일), 〈파이터 The Fighter〉(2010)*

* **영감의 원천_** 영화 〈파이터〉는 아일랜드 출신으로 세계적인 복서가 된 미키 워드의 성장 과정을 다루고 있지만, 그의 커리어에서 가장 중요한 경기로 꼽히는 아투로 가티와의 맞대결 3연전은 다루지 않았습니다. 워드는 그 세 경기 중 한 경기만을 승리했지만, 〈링 매거진〉은 그 세 경기 중 두 경기를 “올해의 경기”로 꼽았습니다. 가티와의 맞대결을 다룬 〈파이터〉 속편이 제작 예정이었지만, 현재는 무기한 연기된 상태입니다.

"눈썹에 흐르는 땀으로, 물러서지 않는 기백으로,
심장을 뛰게 하는 용기로! 모두 깃발을 들자!"

— 엘리자베스 스완(키이라 나이틀리), 〈캐리비안의 해적: 세상의 끝에서 Pirates of the Caribbean: At World's End〉(2007)

"선수는 싸워야죠."

— 마리(제럴딘 휴즈), 〈록키 발보아 Rocky Balboa〉(2006)

**"한 번 더 싸움으로.
내게 마지막이 될,
훌륭한 싸움으로.
오늘, 살고 또 죽는다.
오늘, 살고 또 죽는다."**

— 존 오트웨이(리암 니슨), 〈더 그레이 The Grey〉(2011)

"레이싱 세계가 변하지 않는다 해도 그건 중요하지 않아. 중요한 건 우리가 레이싱에 끌려가지 않는 거야. 우리 각자 달리는 이유가 있어야 해. 단순히 차를 몰기 위해 T-180에 올라타는 게 아니야. 그럴 만한 열정이 있기 때문에 하는 거야."

— 레이서 X(매튜 폭스), 〈스피드 레이서 Speed Racer〉(2008)

"인생은 고작 몇 인치의 게임이라는 걸 알게 될 거야. 풋볼도 마찬가지고. 인생이든, 풋볼이든, 오차 범위가 그만큼 좁다는 얘기야. 반 발짝 앞서거나 처지면 성공할 수 없어. 반 발짝만 느리거나 빨라도— 붙잡을 수 없어. 우리 주위의 모든 일이 똑같아. 경기 중 생기는 그 모든 기회, 매분, 매초. 이 팀에서 우린 바로 그 몇 인치를 위해서 싸운다. 이 팀에서 우린 그 몇 인치를 위해 우리 몸을 불사르고, 우리 앞을 가로막는 자들을 산산조각 내고, 그 몇 인치를 위해 고통을 견딘다. 왜냐고? 바로 그 몇 인치가 모여 결국에는 승리와 패배를 가르는 차이, 삶과 죽음을 가르는 차이를 만들기 때문이다! 내 말 똑바로 들어. 어떤 싸움이든, 죽을 각오로 덤비는 자가 그 몇 인치를 얻는다. 나 역시 이렇게 별것 아닌 인생을 살아가기 위해, 그 몇 인치를 위해 싸우고 죽을 각오가 돼 있다. 여러분의 눈앞에 놓인 6인치, 그게 삶이니까."

— 토니 다마토 코치(알 파치노), 〈애니 기븐 선데이 Any Given Sunday〉(1999)

SCENE #02

위로

승리는 간단합니다. 이기고 난 후에는 축하한다는 말 외에 딱히 다른 말도 필요하지 않습니다. 승리했다는 사실만으로 경기 후 라커룸에는 희열과 흥분이 가득합니다. 엄청난 승리가 아니었더라도 앞으로의 기대감을 키워주기에는 충분합니다. 반면 패배는 이야기가 전혀 다릅니다. 패배의 순간, 그동안 하나의 팀으로 나름 성취해 온 모든 것을 잃게 될 수도 있지요. 어쩌면 진정 동기부여와 격려가 필요한 순간은 경기 전이 아니라 패배 후일지도 모릅니다. 경기 전에는 누구나 쉽게 끓어오를 수 있습니다. 승리 후에는 더욱 쉽죠. 그러나 좌절에서 극복하려면 제대로 된 지도력이 필요합니다. 때로는 유머로, 때로는 강인한 모습으로, 때로는 부드러운 목소리로 쓰러진 팀을 일으키고 다시 달릴 수 있게 이끌어야 합니다.

"완벽해진다는 것은,
경기장의 점수판과는 관련없어.
승패를 말하는 게 아니야.
너희들, 너희 자신과 가족,
친구들과의 관계를 말하는 거야.
완벽해진다는 건 친구들의 눈을
보고 그들을 실망시키지 않겠다고
다짐하는 거야.
왜냐면 진실을 말할 거니까.
최선을 다했다는 진실, 그랬기에
아무런 후회가 없다는 진실을.
양심에 거리낄 게 없는 눈으로,
진심으로 사랑하며 살아갈 수
있겠나? 진심으로 즐기며? 그럴 수
있다면… 너희 모두 완벽하다!"

— 게리 게인스 코치(빌리 밥 손튼), 〈프라이데이 나잇 라이트 Friday Night Lights〉(2004)

"친한 친구가 해준 말이 있어요. '야구는 단순한 경기다. 공을 던지고, 받고, 치고. 하다 보면 이길 때도 있고, 질 때도 있으며, 비가 올 때도 있다.' 여러분도 한번 생각해 보십시오."

— 누크 라루쉬(팀 로빈스), 〈19번째 남자 Bull Durham〉(1988)

"누군가 말했듯이, 실패와 폭망에는 차이가 있다. 실패는 성공하지 못했다는 의미에 불과하다."

— 드류 베일러(올랜도 블룸), 〈엘리자베스타운 Elizabethtown〉(2005)

"모두가 이길 수는 없는 거잖아, 안 그래?"

— 윌리(빌리 밥 손튼), 〈나쁜 산타 Bad Santa〉(2003)

"시합에서 이겨도 질 때가 있고, 져도 이길 때가 있어. 이기거나 지고도 비길 때가 있고, 비겨도 이기거나 질 때가 있어. 이기고 지는 건 서로 유기적인 관계로 묶여 있어서, 그중에 필요한 걸 얻어내면 돼."

— 글로리아 클레멘테(로지 페레즈), 〈덩크슛 White Men Can't Jump〉(1992)*

* **흥미로운 사실_** 역대 가장 위대한 감독 중 한 명으로 손꼽히는 스탠리 큐브릭이 이 영화를 매우 좋아하며, 촬영이 없을 때 종종 본다고 언급한 적 있습니다.

“실패는 우리에게 교훈을 주지. 인생은 상연되지 않을 연극을 위한 그저 길고 긴 리허설에 불과하다는 교훈을.”

— 작가 이폴리토(아르투 드 팡게른), 〈아멜리에 Amélie〉(2001)

“지는 게 즐겁나? 지는 게 재밌어? 그럼 왜 이렇게들 신났지? 이게 패배의 소리야.”

— 빌리 빈(브래드 피트), 〈머니볼 Moneyball〉(2010)

“네 자존감은 네 안에 있어. 네게 꺼내 줄 생각이 없다면 누구도 빼앗아 갈 수 없어.”

— 돈 하스킨스 코치(조쉬 루카스), 〈글로리 로드 Glory Road〉(2006)

“오늘은 네가 진 거야, 꼬마야. 오늘의 패배를 잊지 마.”

— 페도라/가스(리처드 영), 〈인디아나 존스: 최후의 성전 Indiana Jones And The Last Crusade〉(1989)

"금메달은 멋진 물건이야. 하지만 그게 없어서 부족함을 느낀다면, 있어도 부족한 건 마찬가지야."
— 어브 블리처(존 캔디), 〈쿨 러닝 Cool Runnings〉(1993)

"때로는 곰을 먹기도 하고, 때로는 곰한테 먹히기도 하는 거지."
— 볼링장 손님(샘 엘리어트), 〈위대한 레보스키 The Big Lebowski〉(1998)

"패배자가 뭔지 알아? 패배자는 이기지 못할까봐 두려워서 아예 시도도 안 하는 사람을 말해."
— 에드윈 후버(알란 아킨), 〈미스 리틀 선샤인 Little Miss Sunshine〉(2006)

"이길 때도 있고, 질 때도 있어. 하지만 그래도 살아 있잖아. 그러니 다음에 또 싸우면 돼!"
— 존스 아저씨(존 위더스푼), 〈프라이데이 Friday〉(1995)

"상대가 누구든 공은 둥글단다, 얘야."
— 패스트 에디 펠슨(폴 뉴먼), 〈컬러 오브 머니 The Color of Money〉(1986)*

* **수상 이력_** 폴 뉴먼은 이 영화로 생애 첫 오스카를 탔습니다. 속편에서 같은 역할로 아카데미를 수상한 배우는 폴 뉴먼이 유일합니다. 그는 〈허슬러〉와 〈컬러 오브 머니〉에서 패스트 에디 펠슨 역을 맡았습니다.

"결정적인 순간이 오면, 자기 스스로 그 순간을 증명하거나 아니면 그 순간이 나를 증명하지."

— 로이 틴 컵 맥어보이(케빈 코스트너), 〈틴 컵 Tin Cup〉(1996)

"패배를 두려워해선 안 돼. 풋볼에 두려움이 들어설 자리는 없어!"

— 조나단 목스 막슨(제임스 반 데 빅), 〈그들만의 계절 Varsity Blues〉(1999)

"한 톨의 쌀이 저울을 기울게 하는 법. 한 사람의 전사가 승패를 가르게 될지 누가 알겠소."

— 황제(팻 모리타), 〈뮬란 Mulan〉(1998)

"이기면 팀으로서 다 함께 이기는 거야. 질 때도 팀으로서 함께 지는 거고."

— 모리스 버터메이커 코치(월터 매튜), 〈꼴찌 야구단 The Bad News Bears〉(1976)

"포기는 풋내기나 하는 거야."

— 필(대니 드비토), 〈헤라클레스 Hercules〉(1997)

"승자가 패자와 다른 점이 뭔지 알아? 발굽에 얼굴을 차여도 다시 올라타는 것."

— 지미 맥긴티(진 해크먼), 〈리플레이스먼트 The Replacements〉(2000)

"너도 이미 아는 걸 말해 주지. 세상은 절대 녹록치 않아. 무자비하고 더러운 곳이지. 네가 얼마나 강하든, 세상은 널 쓰러뜨리고 영원히 일어나지 못하게 짓누를 거야. 너도, 나도, 세상 누구도 삶의 주먹보다 강하지는 않아. 하지만 중요한 건 누가 강하냐가 아냐. 중요한 건 아무리 세게 얻어맞아도 꿋꿋이 버티고 앞으로 나아가는 거야. 맞아도 버티고 나아가는 것. 그게 이기는 길이야!"

— 록키 발보아(실베스터 스탤론), 〈록키 발보아 Rocky Balboa〉(2006)

스포츠를 다룬 영화들

머니볼 Moneyball(2010)

감독 베넷 밀러 **각본** 스티브 자일리안, 아론 소킨

오클랜드 어슬레틱스 단장 빌리 빈의 실화에 근거한 영화로, 빈 단장은 기존의 수치 분석과 전혀 다른 세이버매트릭스라는 수학 모델을 활용하여 적은 예산으로 최대의 효과를 낸 인물로 유명합니다. 〈머니볼〉은 평단의 극찬을 받았을 뿐만 아니라, 인터넷에 영화의 장면을 활용한 다수의 밈을 생산하기도 했습니다.

덩크슛 White Men Can't Jump(1992)

각본/감독 론 쉘톤

주연 우디 해럴슨, 웨슬리 스나입스, 로지 페레즈

거친 입이라면 누구에게도 뒤지지 않는 길거리 농구 선수 둘이 언뜻 어울리지 않는 팀을 결성해, 베니스비치에서 열리는 2:2 농구 토너먼트에 출전합니다. 전통적인 "네 엄마" 우스개에 농구 선수들의 거친 입담이 섞인 말싸움 장면이 매우 유명합니다.

성난 황소 Raging Bull(1980)

감독 마틴 스콜세지 **각본** 폴 슈레이더, 마르딕 마틴
주연 로버트 드 니로, 조 페시, 캐시 모리어티

1980년대를 대표하는 영화로 손꼽히는 마틴 스콜세지의 이 전기 영화는 제이크 라모타(로버트 드 니로 분)라는 복서를 중심으로 인간의 성공과 타락, 쇠퇴를 드라마틱하게 그립니다. 영화의 마지막 장면에서 〈워터프론트 On the Waterfront〉의 유명한 대사를 다시 들을 수 있지요. 영화사상 최고의 스포츠 영화로 꼽는 사람도 적지 않습니다.

허슬러 The Hustler(1987)

감독 로버트 로센
각본 시드니 캐럴, 로버트 로센
주연 폴 뉴먼, 조지 C. 스콧, 재키 글리슨

내기 당구꾼 패스트 에디 펠슨은 예상치 못했던 숙적인 최강의 도박사 미네소타 팻츠(재키 글리슨 분)와의 대결에서 승리하는 동시에 내면의 악과 싸워야만 합니다. 뉴먼은 〈허슬러〉의 속편 〈컬러 오브 머니 The Color of Money〉에서 다시 한 번 주인공 역을 맡으며 아카데미 남우주연상을 수상했습니다.

그들만의 리그 A League of Their Own(1992)

감독 페니 마샬
각본 로웰 간즈, 바바로 멘델
주연 지나 데이비스, 로리 페티, 톰 행크스

야구에 재능을 보인 도티와 키트 자매. 두 사람은 프로 리그 야구 선수가 됩니다. 다만 이들을 지도하는 감독이 한때 잘나가는 강타자였지만, 현재는 매사에 비관적이고 냉담하기만 한 알코올 중독자입니다.

후지어 Hoosiers(1986)

감독 데이비드 앤스포 **각본** 안젤로 피조
주연 진 해크먼, 바바라 허쉬, 데니스 호퍼

인디애나의 작은 시골 마을 고교 농구팀이 사연 많은 코치와 마을 토박이이자 주정뱅이인 동료의 지도하에 주 챔피언 자리에 도전합니다. 영화뿐만 아니라 사운드트랙도 훌륭한 것으로 유명한데, 이후 수많은 영화 예고편에서 사용되기도 했습니다.

리멤버 타이탄 Remember The Titans(2000)

감독 보아즈 야킨 **각본** 그레고리 알렌 하워드
주연 덴젤 워싱턴, 윌 패튼, 우드 해리스

1971년 TC 윌리엄스 고교에서 일어났던 실화에 바탕을 둔 영화로, 당시 피부색에 따라 학교를 나누려 했던 인종차별 정책에 맞서 싸우면서 풋볼 팀으로서도 최고를 향해 달려갔던 타이탄스 팀의 이야기를 그립니다. 〈리멤버 타이탄〉은 실제 역사와 비교해 오류가 많은 영화로도 유명합니다.

파이터 The Fighter(2010)

감독 데이비드 O. 러셀 **각본** 스콧 실버, 폴 타마시, 에릭 존슨, 키스 도링턴
주연 마크 월버그, 크리스찬 베일, 멜리사 레오

〈파이터〉는 복서로서 성공적인 삶을 살아가는 미키 워드와, 마약과 범죄에 빠져드는 에클런드라는 두 형제의 초상을 그린 영화입니다. 영화사상 권투를 가장 정확하게 묘사한 영화로도 잘 알려져 있습니다.

19번째 남자 Bull Durham(1988)

각본/감독 론 쉘톤 **주연** 수잔 서랜든, 케빈 코스트너, 팀 로빈스

베테랑 마이너리그 포수가 불같은 성격에 세상 물정 모르는 신인 투수를 길들입니다. 팀의 광팬이자 자문인 한 여성은 두 사람 사이에서 갈팡질팡합니다. 이 영화는 마이너리그 생활을 무척 정확히 묘사한 덕에 메이저리그 선수들 사이에서 가장 좋아하는 영화로 손꼽히곤 합니다. 배우 팀 로빈스가 이 영화를 통해 주연급으로 성장하기 시작했습니다.

꿈의 구장 Field of Dreams(1989)

각본/감독 필 알덴 로빈슨
주연 케빈 코스트너, 레이 리오타, 제임스 얼 존스

어느 날 설명할 수 없는 환청을 듣고 이를 계시로 여긴 아이오와 주의 한 농부가 자신의 밭을 뒤집어엎고 야구장을 짓기 시작합니다. 이곳을 과거 메이저리그 선수들의 유령이 찾으며 꿈의 구장은 점점 제대로 된 야구장의 모습을 갖추기 시작합니다. 아이오와 주에 가면 이 구장을 실제로 방문할 수 있습니다.

스피드 레이서 Speed Racer(2008)

각본/감독 워쇼스키 자매 **주연** 에밀 허쉬, 크리스티나 리치, 존 굿맨

동명의 일본 만화를 원작으로 한 이 영화는 언뜻 겉만 화려하고 실속은 없는 리메이크로 보이기 쉽습니다. 하지만 속을 들여다보면 이 영화는 승리를 위한 약물 남용이나 패배에 따른 주인공의 현실 인식 등 우리 삶을 되돌아볼 수 있는 비유와 풍자로 가득합니다. 개봉 당시 평단과 관객 양쪽 모두에게서 외면 받았지만, 이후 다채로운 편집 및 눈부신 특수효과가 평론가들에게 새롭게 조명 받으며 재평가되고 있는 영화입니다.

4

직장

격려, 성공, 그리고 실패

4

WORKPLACE

직장

격려, 성공, 그리고 실패

"1, 2, 3. 항상 성사시킨다."

— 블레이크(알렉 볼드윈),

〈글렌게리 글렌 로스 Glengarry Glen Ross〉(1992)

온라인 커뮤니티와 인터넷 시장의 팽창은 미국의 기업가 정신과 맞물려 급속도로 성장하며 새로운 비즈니스 시대를 열었습니다. 〈바스터즈: 거친 녀석들 Inglourious Basterds〉에서 앨도 아파치 레인이 말했듯 "그야말로 대단히 호황!"이었죠. 비교적 작은 몸집의 기업이 이룩하기 쉽다는 점을 감안할 때, 그럴듯한 아이템과 더불어 앞으로의 여정을 함께할 팀만 있다면 누구나 이 길을 걸을 수 있습니다. 그렇게 출발한 여러분은 이제 앞으로 성공과 실패,

그리고 이를 가를 운명의 순간들을 숱하게 만나게 될 테지요. 그때가 오면 모두 육체적으로도 지치고 정신적으로도 매우 사기가 떨어졌을 것이 틀림없기에, 그저 맘 편히 포기하고만 싶어질지도 모릅니다. 바로 그럴 때 여러분의 지혜와 경험이 담긴 한마디가 필요합니다. 여러분도 머리가 멍해 무슨 말을 해야 할지 모르겠다면, 앞으로 소개해 드릴 대사 중에 적절한 걸 찾아보는 건 어떨까요?

SCENE #01

격려의 말 & 성공의 열쇠

•

우리의 간절한 마음과는 달리, 직장은 정말 재미없는 곳이기 쉽습니다. 때로는 멈추지 않는 질주에 정신을 못 차리기도 하고, 때로는 더딘 걸음에 게으름을 피우고 싶어지기도 하지요. 때로는 그저 하루하루 버티며 쓸쓸함을 느끼는 곳이 바로 우리들의 직장입니다. 여러 이유로 일터는 씁쓸한 장소가 되기 쉽습니다. 꼭 직장을 직접적으로 다루지 않더라도, 영화는 항상 우리에게 일과 관련한 영감의 원천이 되어줍니다. 이 장에 나오는 대사를 활용해 여러분은 조언이 필요한 친구에게 철학적 깨달음이나 웃음을 줄 수도 있으며, 직장 상사이자 영감의 원천으로서 차별화된 조언과 감동을 줄 수도 있습니다. 열정은 불과 같아, 때때로 휘저어주지 않으면 잦아들기 쉽습니다. 지금부터 일터의 불씨를 활활 타오르게 만들 불쏘시개를 소개해 드리겠습니다.

"인간은 불가능을 극복할 수 있기에 인간이다. 그런 순간이 올 때마다 우리는 이를 기억한다. 더 높은 곳을 향하고, 장애물을 극복하고, 별을 향해 손을 뻗고, 미지의 세계를 탐험하는 그런 순간들. 우리는 이를 기억하고 자랑스럽게 여긴다. 그러나 인간은 그 모든 걸 잃었다. 아니, 어쩌면 우리는 우리가 여전히 개척자라는 사실을 잊었던 것일지도 모른다. 인간의 역사는 이제 막 시작된 셈이다. 우리 인류의 위대한 성취는 과거가 아닌 미래에 있다. 운명은 저 하늘 높은 곳에 있기 때문이다."

— 조셉 쿱 쿠퍼(매튜 매커너히), 〈인터스텔라 Interstellar〉(2014)

* 특이하게도 이 대사는 영화 본편이 아닌 예고편에만 나왔던 대사입니다. (역주)

"인류의 노력에 한계가 있어선 안 됩니다. 우린 모두 제각각 다릅니다. 삶이 아무리 힘들어 보인다 해도, 우리에게는 항상 뭔가를 시도하고 성공할 수 있는 능력이 있습니다."

— 스티븐 호킹(에디 레드메인), 〈사랑에 대한 모든 것 The Theory of Everything〉(2014)

"이제 곧 나처럼 깨닫게 될 거야. 길을 아는 것과 길을 걷는 것이 같지 않다는 사실을."

— 모피어스(로렌스 피시번), 〈매트릭스 The Matrix〉(1999)

"성공의 비결은 인간관계야."

— 디키 폭스(제러드 저심), 〈제리 맥과이어 Jerry Maguire〉(1996)

"값싼 충성이란 없어."

— 라이언 빙햄(조지 클루니), 〈인 디 에어 Up In The Air〉(2009)

“마음이 중요해. 느낌이 중요하고,
감동이 중요하고,
아름다운 뭔가가 있어야 해.
악보 위 음표가 중요한 게 아니야.
악보 위 음표는
내가 가르쳐줄 수 있지만
나머진 가르쳐줄 수 없어.”

— 글렌 홀랜드(리처드 드레이퍼스), 〈홀랜드 오퍼스 Mr. Holland's Opus〉(1995)

“무언가를 찾으려 한다면, 그것이 거대한 진실이든 혹은 잃어버린 안경이든, 그걸 찾음으로써 얻게 되는 이득이 있다고 먼저 믿어야 한다.”

— 잭 버든(주드 로), 〈올 더 킹즈 맨 All The King's Men〉(2006)

“사장도 가끔은 나자빠져 봐야 돼.”

— 맥밀란(로버트 로지아), 〈빅 Big〉(1988)

“너한테 아부하는 사람을 존중해선 안 돼. 그건 아무 소용 없거든.”

— 페리스 뷸러(매튜 브로더릭), 〈페리스의 해방 Ferris Bueller's Day Off〉(1986)

"대부분의 사람은 우리가 설정해 준 삶을 살아간다. 다른 길을 탐험할 용기를 내지 못한 채. 그러나 간혹 너 같은 자가 나타나 우리가 세워둔 장애물을 무너뜨리곤 하지. 그걸 위해 싸우기 전까지는 어떻게 다뤄야 할지 몰랐던, 자유의지라는 선물을 깨달은 자들."

— 해리 미첼(앤서니 매키), 〈컨트롤러 The Adjustment Bureau〉(2011)

"하든가, 하지 않든가. 해 보는 건 없어."

— 요다(프랭크 오즈), 〈스타워즈 에피소드 5: 제국의 역습 Star Wars Episode V: The Empire Strikes Back〉(1980)

"위…아 그루트."

— 그루트(빈 디젤), 〈가디언즈 오브 갤럭시 Guardians of the Galaxy〉(2014)

"내 말 잘 들어. 네가 할 수 있는 최대치로 밀어붙여야 돼, 알겠어? 밀어붙이고, 밀어붙이고, 또 밀어붙여야 돼. 그래서 쓰러지기 직전이 되면, 그때가 되면 이를 악물고 일어나 더 밀어붙이는 거야."

— 월터 에이브럼스(알 파치노), 〈투 포 더 머니 Two for the Money〉(2005)

"목표를 이루면, 그가 올 거야."

— 목소리(리 갈링톤), 〈꿈의 구장 Field of Dreams〉(1989)

"돈을 많이 버는 건 어렵지 않아… 원하는 게 돈을 많이 버는 것뿐이라면."

— 미스터 번스타인(에버렛 슬로언), 〈시민 케인 Citizen Kane〉(1941)

"그래, 원하는 만큼 바라고 꿈을 빌어보렴. 하지만 잊지 마. 저 오래된 별은 길잡이일 뿐이라는 걸. 너 역시 열심히 노력해야 한단다."

— 제임스(테렌스 하워드), 〈공주와 개구리 The Princess And The Frog〉(2009)

"인생은 마라톤이야. 결승 테이프를 끊으려면 젖꼭지에 밴드 몇 개 붙일 정도 각오는 해야 한다고!"

— 데이브 하켄(케빈 스페이시),
〈스트레스를 부르는 그 이름 직장상사 Horrible Bosses〉(2011)

"머리가 굳어버릴 지경이야. 골칫거리를 줘. 일감을 달라고."

— 셜록 홈즈(로버트 다우니 주니어), 〈셜록 홈즈 Sherlock Holmes〉(2010)

“회사 경영하는 법은 모릅니다. 그저 할 수 있는 건 뭐든 시도해 보는 거죠.”

— 찰스 포스터 케인(오손 웰즈), 〈시민 케인 Citizen Kane〉(1941)

“우린 수없이 노력하고, 인내하고, 필요하다면 허리를 굽혀 가며 여기까지 왔어. 그러니까 내 말 잘 들어. 세상에 뭔가 빚졌다는 생각 따윈 하지 마. 그건 사실이 아니니까. 너는 이 세상에 빚진 게 없어.”

— 조이 망가노(제니퍼 로렌스), 〈조이 Joy〉(2015)

“일단 꼭대기에 올라가고 나면 얼마든지 규칙을 뒤틀어도 되지만, 그곳에 오르는 중인 지금은 그럴 수 없어요. 당신이 나와 같다면, 규칙을 뒤틀지 않고도 정상에 오를 수 있을 거예요.”

— 테스 맥길(멜라니 그리피스), 〈워킹 걸 Working Girl〉(1988)

“미래는 결코 진정으로 정해진 게 아니기 때문이지….”

— 찰스 자비에르 교수(제임스 맥어보이), 〈엑스맨: 데이즈 오브 퓨처 패스트 X-Men: Days of Future Past〉(2014)

“바라지 말고. 이뤄.”

— 프랭크 N. 퍼터(팀 커리),
〈록키 호러 픽쳐 쇼 The Rocky Horror Picture Show〉(1975)

“우린 경기를 바꿀 거야.”
— 빌리 빈(브래드 피트), 〈머니볼 Moneyball〉(2010)

“하루하루를 목적의식을 갖고 시작하세요.”
— 히치(윌 스미스), 〈Mr. 히치: 당신을 위한 데이트 코치 Hitch〉(2005)

“기계에는 말이지, 불필요한 부품이 없어. 딱 필요한 만큼만 달고 나오잖아. 그러니까, 만일 세상이 하나의 거대한 기계라면, 나도 불필요한 부품일 리가 없다고 생각했어. 나도 내게 맞는 쓰임이 있을 거야.”

— 휴고 카브레(에이사 버터필드), 〈휴고 Hugo〉(2011)

"당신은 우주에서 가장 재능 있고, 가장 재미있고, 가장 특별한 사람이야. 놀라운 일을 해낼 수 있는 사람. 당신이 바로 스페셜이야. 나도 그렇고. 우리 모두가 그래."
— 에밋(크리스 프랫), 〈레고 무비 The LEGO Movie〉(2014)

"생각해 보면 참 우스워. 그렇게 하기 싫어서 억지로 했던 일인데, 이제는 내가 유일하게 하고 싶은 일이 됐다니."
— 글렌 홀랜드(리처드 드레이퍼스), 〈홀랜드 오퍼스 Mr. Holland's Opus〉(1995)

"이해가 따르지 않는 순종은 맹목적인 복종에 불과해요."
— 애니 설리번(앤 밴크로프트), 〈미라클 워커 The Miracle Worker〉(1962)

"고난 끝에 일자리를 얻은 사람의 얼굴을 본 적 있다면, 저는 좀 봤습니다만, 그야말로 하늘을 날 것만 같은 표정이죠. 그건 돈 때문에 나오는 얼굴이 아니에요. 인정을 받았다는 기쁨 때문이죠. 거울을 보며 오늘 하루도 가치 있는 날을 살았다고 여기는 만족감 말이에요. 만일 한 사람이 이를 느낄 수 있다면 이 느낌은 다른 사람, 또 다른 사람에게 옮겨가며 불가능을 가능으로 보이게 할 거예요. 마음먹고 해보기 전까지는 자신의 한계를 알 수 없는 거니까요."
— 데이브 코빅(케빈 클라인), 〈데이브 Dave〉(1993)

**"가끔은 누구도 생각지 못한
바로 그 사람이,
누구도 생각지 못한 일을
해내는 거야."**

— 크리스토퍼 모르콤(잭 버논),
〈이미테이션 게임 The Imitation Game〉(2014)

S C E N E # 0 2

실패

우린 모두 실패를 겪습니다. 가혹한 얘기일지 모르지만, 그래도 사실입니다. 우리는 개인으로서 그리고 직업인으로서 누구나 실패를 경험하고, 이는 배움과 성장의 기회가 되기도 합니다. 실패는 살면서 피할 수 없는 과정입니다. 그렇기에 우리의 성공은 실패 후 다시 일어서서 성장하느냐 그러지 못하느냐에 달려 있습니다. 여러분의 동료가 실패를 겪고 좌절할 수도 있습니다. 자기자신이나 직장에 대한 믿음을 잃을 수도 있습니다. 실패는 살아가며 누구도 피할 수 없는 과정임을 그들에게 상기시켜 주세요. 배트맨 같은 슈퍼히어로도 실패할 때가 있지요. 하지만 그 실패를 딛고 일어나 싸움을 계속하기 때문에 그들이 위대한 영웅인 겁니다.

"그래서 실패했다고요. 그래요, 좋아요. 완전 망했군요. 실패, 실패. 실패했어요. 그래요, 실패. 실패했죠. 실패하고, 실패하고, 실패했단 말이에요. 실패했다고요. 실패하고, 실패하고, 실패했단 말이잖아요. 뭐, 어쩌란 거죠? 나도 이해해요. 그래서 위대해지고 싶어요? 그럼 완전히 말아먹고도 다시 일어설 용기를 가져요. 왜 아직도 웃음을 짓고 있는지 사람들이 궁금해하게 만들라고요."

— 클레어 콜번(커스틴 던스트), 〈엘리자베스타운 Elizabethtown〉(2005)

"우리는 왜 쓰러질까요, 주인님? 다시 일어나 싸우기 위해서입니다."
— 알프레드(마이클 케인), 〈배트맨 비긴즈 Batman Begins〉(2005)

"용감한 전사만이 말에서 떨어진단다. 무릎 꿇은 겁쟁이가 떨어지는 법을 알겠어?"
— 사로즈 라이(소니 라즈단), 〈몬순 웨딩 Monsoon Wedding〉(2001)

"생쥐 두 마리가 크림 통에 빠졌습니다. 한 마리는 금세 포기하고 빠져 죽었습니다. 다른 한 마리는 포기하지 않고 열심히 발버둥친 덕에 크림이 버터로 바뀌었고, 생쥐는 이를 밟고 기어 나왔습니다."
— 프랭크 애버그네일 1세(크리스토퍼 워큰), 〈캐치 미 이프 유 캔 Catch Me If You Can〉(2002)

"난 맡은 일을 해내는 사람이오. 당신은 그 반대인 모양이군."
— 숀 디그넘 경사(마크 월버그), 〈디파티드 The Departed〉(2006)

"그저 우리를 있는 그대로 받아들여 보자."
— 앤드류 라지맨(잭 브라프), 〈가든 스테이트 Garden State〉(2004)

"친구가 있는 한, 실패한 게 아니야."
— 클라렌스(헨리 트래버스), 〈멋진 인생 It's a Wonderful Life〉(1946)

"역경 속에서 피어나는 꽃이 가장 아름다운 법."
— 황제(팻 모리타), 〈뮬란 Mulan〉(1998)

"중요한 건 기회를 잡는 것이다. 비록 실패할지라도."

— 벤자민 버튼(브래드 피트), 〈벤자민 버튼의 시간은 거꾸로 간다 The Curious Case of Benjamin Button〉(2008)

"아무리 훌륭한 결정이라 해도, 그 이유가 그릇됐다면 그릇된 결정일 수 있단다."
— 스완 총독(조나단 프라이스), 〈캐리비안의 해적: 블랙 펄의 저주 Pirates of the Caribbean: Curse of the Black Pearl〉(2003)

"난 '실패'라는 말이 좋다. 실패는 인간이 벗어날 수 없는 숙명이니까."

— 작가 이폴리토(아르투 드 팡게른), 〈아멜리에 Amélie〉(2001)

"역사를 보면 알 수 있지. 인류는 모두 실패한단다."
— 샤프 소장(브루스 윌리스), 〈문라이즈 킹덤 Moonrise Kingdom〉(2012)

“잠시 넘어져 길이 보이지 않는다고 해서, 영원히 길을 잃었다는 뜻은 아니야.”

-찰스 자비에르 교수(제임스 맥어보이),

〈엑스맨: 데이즈 오브 퓨처 패스트 X-Men: Days of Future Past〉(2014)

일 & 목적의식을 다룬 영화들

휴고 Hugo(2011)

감독 마틴 스콜세지 **각본** 존 로건

주연 에이사 버터필드, 클로이 그레이스 모레츠, 벤 킹슬리

때로는 삶의 목적을 바로 눈앞에서 발견합니다. 1931년 프랑스 파리, 몽파르나스 역사의 거대 시계탑을 관리하는 한 어린 소년이 삶의 의미를 찾아 여정을 떠납니다. 〈휴고〉의 바탕이 된 원작 소설에는 산문뿐만 아니라 수많은 일러스트와 대본이 함께 담겨 있습니다.

워킹 걸 Working Girl(1988)

감독 마이크 니콜스 **각본** 케빈 웨이드

주연 멜라니 그리피스, 해리슨 포드, 시고니 위버

남들이 여러분의 능력을 함부로 재단하게 놔두지 마세요! 똑똑하고 능력 있지만 부족한 학벌과 경력 탓에 언제나 놀림받고 뒷전으로 밀리던 한 여성이, 상사가 사고로 자리 비운 틈을 타 치열한 기업 인수합병 전쟁터에서 일생일대의 도박을 벌입니다.

허드서커 대리인 The Hudsucker Proxy(1994)

감독 조엘 코엔 **각본** 조엘 코엔, 에단 코엔, 샘 레이미
주연 팀 로빈스, 제니퍼 제이슨 리, 폴 뉴먼

일자리 하나 가지고 별의별 소동이 다 벌어집니다. 회장의 죽음으로 오너 자리가 공석이 되자, 경영권을 차지하려는 한 중역이 시골 출신의 어리숙한 사원 하나를 꼬드겨 허울뿐인 회장 자리에 앉힙니다. 그러나 이 어리숙한 대리 회장이 역대 최고의 히트 상품이 될 장난감을 개발해내는 바람에 분위기는 예기치 못한 방향으로 흐르는데…. 내로라하는 배우와 제작진이 모여 탄생한 영화지만 흥행에서는 대실패했습니다.

뛰는 백수, 나는 건달 Office Space(1999)

각본/감독 마이크 저지 **주연** 론 리빙스턴, 제니퍼 애니스턴, 게리 콜

"최악의 직장이란 바로 이런 곳이다"를 보여주는 영화입니다. 그동안 직장 때문에 엄청난 스트레스를 받았으나, 이제는 최면술 덕분에 세상 누구보다도 대담해진 한 IT 전문가가 그동안 쌓인 울분을 풀고자 회사 컴퓨터에 바이러스를 설치합니다.

홀랜드 오퍼스 Mr. Holland's Opus(1995)

감독 스티븐 헤렉
각본 패트릭 쉔 던컨
주연 리처드 드레이퍼스, 글렌 헤들리, 제이 토마스

미처 알지 못하는 사이 여러분은 이미 타인에게 영감을 주고 있을지도 모릅니다. 영화 〈홀랜드 오퍼스〉는 현실과의 타협으로 고등학교에서 교직을 맡게 된 한 작곡가가, 아이들을 가르치며 진실한 삶의 소명을 찾게 되는 감동적인 이야기를 그립니다.

인 디 에어
Up In The Air(2009)

감독 제이슨 라이트맨
각본 제이슨 라이트맨, 쉘든 터너
주연 조지 클루니, 애나 켄드릭, 베라 파미가

한 해고·구조조정 전문가가 젊고 재능 있는 후배를 들이며 그동안 돌아보지 못했던 자신의 삶에 대해 깊이 생각하게 됩니다. 그는 자신의 일과 행동이 주변에 큰 영향을 끼쳐왔다는 사실을 깨닫습니다.

점원들 Clerks(1994)

각본/감독 케빈 스미스
주연 브라이언 오할로런, 제프 앤더슨, 제이슨 미웨스

상점 직원들을 친절히 대하세요. "케빈 스미스 유니버스"의 출발점이라고도 할 수 있는 이 작품은 각자의 직장에서 힘든 하루를 보내는 가게 점원들의 일상을 그린 코미디입니다. 감독 케빈 스미스는 낮에 편의점에서 일하고 밤에는 영화를 촬영하며 작품을 완성했습니다.

인 굿 컴퍼니
In Good Company(2004)

각본/감독 폴 웨이츠
주연 데니스 퀘이드, 토퍼 그레이스, 스칼렛 요한슨

한 광고회사 영업사원이 자기 나이 절반밖에 안되는 상사를 모시게 되자 자신의 삶과 커리어를 되돌아보며 사랑하는 일, 사랑하는 사람과 함께하는 게 얼마나 중요한지 깨닫게 됩니다.

5

슬픔 & 상실

장례식, 추도식, 그리고 유머

5

GRIEFNLOSS

슬픔 & 상실

장례식, 추도식, 그리고 유머

"다른 세상이
우리를 기다리고 있어.
더 나은 세상이.
그곳에서 기다릴게."

— 로버트 프로비셔(벤 위쇼), 〈클라우드 아틀라스 Cloud Atlas〉(2012)

삶이 죽음으로 끝난다는 건 명백한 사실입니다. 피할 수도 달아날 수도 없고, 협상은 더더욱 불가능합니다. 록키 발보아가 간단명료하게 말했죠. "시간은 이길 수 없어." 살다보면 언젠가는 누군가의 죽음을 맞아, 장례식이나 추도식에 참여해 남들 앞에서 무슨 말이라도 해야 할 일이 있을 겁니다. 때로는 너무도 특별한 사람이었기에 아무 말 없이 보낼 수 없을 때도 있을 겁니다. 때로는 그저 모두가 한마디씩

하는 분위기 속에서 자연스럽게 뭔가 떠오를 수도 있을 테지요. 지금부터 소개해드릴 대사는 불필요하게 주의를 끌기 위한 것이 아닙니다. 위로나 위안과 더불어, 적절히 활용할 수만 있다면 유머를 통해 삶의 아름다움을 되새기고자 하는 것입니다.

SCENE #01

장례식 & 추도식

•

누구나 갑작스런 상실 앞에서 힘겨워할 수 있습니다. 죽음이 불가피하다는 사실을 이해한다 해도, 상실을 받아들이는 과정은 결코 쉬워지지 않습니다. 삶을 이해하기 위해, 인간의 본성을 말하기 위해 만들어진 것이 바로 예술입니다. 예술은 유머가 있을 수 없는 순간에 유머를 더해 주고, 매일같이 벌어지는 끔찍한 비극을 조금이라도 편안히 받아들일 수 있게 도와줍니다. 예술은 우리가 잠시나마 현실을 떠나 새로운 시선으로 삶을 바라볼 수 있게 도와줍니다. 앞으로 나올 명대사들은 크고 작은 영화에서 추려낸 것들로, 각각 상실의 순간에 우리에게 도움이 될 보편적인 진실을 담고 있습니다. 삶은 살 만한 가치가 있으며, 떠난 이들을 기리는 동시에 굳건히 살아가는 것이 남아 있는 자들의 의무이자 영예라는 진실 말입니다.

"0과 1 사이에는 무한한 수가 있어요. 0.1, 0.12, 0.112 등, 끝이 없어요. 당연히 0에서 2 사이에는 무한한 수의 더 큰 집합이 있지요. 0에서 100만 사이는 말할 것도 없고요. 어떤 무한은 다른 무한보다 커요. 우리가 좋아했던 작가가 알려준 거죠. 저는 제게 남은 수보다 더 많은 수를 갖고 싶어요. 어거스터스 워터스도, 더 많은 수를 가졌다면 얼마나 좋을까요. 하지만 내 사랑 거스, 우리가 가진 이 작은 무한에 내가 얼마나 감사한지 모를 거야. 넌 유한한 나날 속에서 내게 영원을 주었어."

— 헤이즐 그레이스 랭커스터(쉐일린 우들리), 〈안녕, 헤이즐 The Fault in Our Stars〉(2014)

"시간이 흐르고, 이야기가 계속되고, 사람들이 태어나고 또 죽어도, 그들은 늘 기억 속에 남을 거야."
— 라 무에르테(토니타 카스트로), 〈마놀로와 마법의 책 The Book of Life〉(2014)

"잘 가, 파트너."

— 우디(톰 행크스), 〈토이 스토리 3 Toy Story 3〉(2010)

"우린 모두 자기도 모르게 던져진 겁니다. 무질서와 혼돈으로 가득한 세상, 의문만 가득하고 해답은 없는 세상, 사방에 죽음이 가득한 세상에. 그럼에도 우린 최선을 다합니다. 모두가 그럴 수밖에 없죠. 아버지 역시 최선을 다하셨어요. 아버진 우리 삶이 언제 어떻게 끝날지 모르니 항상 원하는 걸 추구하면서 살라고 하셨죠. 성공하거나 실패하는 건 나중 문제이며, 중요한 건 노력하는 거라고. 누구도 올바른 방향으로 이끌어주지 않으며, 결국 스스로 깨달아야 한다고요."
— 다니엘(매튜 맥퍼딘), 〈Mr. 후 아 유 Death at a Funeral〉(2007)

**“죽은 자들을 불쌍히 여기지 마라.
산 자들, 그리고
무엇보다 사랑 없이 사는 이들을
불쌍히 여겨라.”**

— 알버스 덤블도어(마이클 갬본)와 세베루스 스네이프(앨런 릭먼), 〈해리 포터와 죽음의 성물 2부 Harry Potter and the Deathly Hallows: Part 2〉(2011)

“끝이라니? 여정은 여기서 끝나지 않아. 죽음은
우리가 떠나야 하는 또 하나의 여정일 뿐이야.”

— 백색의 갠달프(이안 맥켈런), 〈반지의 제왕: 왕의 귀환 The Lord of the Rings: The Return of the King〉(2003)

**“슬픔과 무미건조함 중
택해야 한다면…
난 슬픔을 택하겠어.”**

— 에드 루니 주임(제프리 존스), 〈페리스의 해방 Ferris Bueller’s Day Off〉(1986)

“시간은 달아나기만 해.”

— 매티 로스(엘리자베스 마블), 〈더 브레이브 True Grit〉(2010)

"매일 조금씩 나아지겠지. 하지만 항상 보고 싶을 거야. 그건 당연한 거야."

— 코리나 워싱턴(우피 골드버그), 〈코리나 코리나 Corrina, Corrina〉(1994)

"죽음은 우리 모두에게 미소 짓는다. 우린 그저 미소로 답할 뿐이다."

— 막시무스 데시무스 메리디우스(러셀 크로우), 〈글래디에이터 Gladiator〉(2000)*

* **뒷이야기_** 러셀 크로우가 작가이자 뮤지션인 닉 케이브에게 막시무스가 죽음에서 돌아오는 내용으로 〈글래디에이터〉의 속편을 써줄 것을 부탁한 적이 있습니다. 케이브는 로마 신들에 의해 되살아난 막시무스가 크리스천 병사들을 비밀리에 훈련시키는 내용의 각본을 썼습니다. 이후 막시무스는 불멸의 전사가 되어 인류 역사를 함께하며 세계대전과 같은 주요 전투에 참전하고, 영화 끝자락에는 국방부 요원으로서 전쟁을 일으키며 결국 폭력의 고리를 끊지 못하는 모습을 보여 줍니다.

"자신의 이야기를 너무나 많이 들려준 끝에 스스로 이야기가 된 남자가 있다. 이야기는 그의 사후에도 남아, 그를 불멸로 만들어주었다."

— 윌 블룸(빌리 크루덥), 〈빅 피쉬 Big Fish〉(2003)

"결국 삶이란 그런 거 같아요. 놔주는 거 말이에요."

— 파이 파텔(이르펀 칸), 〈라이프 오브 파이 Life of Pi〉(2012)

"죽음이야말로 삶에 의미를 주는 거야. 남은 날을 안다는 것. 시간이 얼마 남지 않았다는 사실을 아는 것."
— 에인션트 원(틸다 스윈튼), 〈닥터 스트레인지 Doctor Strange〉(2016)

"한때 인류라고 알려졌던 이 야만적인 도살장에도 여전히 희망의 불씨가 남아 있어. 그가 바로 그 증거야."
— 미스터 무스타파(F. 머레이 에이브러햄), 〈그랜드 부다페스트 호텔 The Grand Budapest Hotel〉(2014)

"인생을 묘사할 수 있는 하나의 단어는 없는 것 같아."

— 찰스 포스터 케인(오손 웰즈), 〈시민 케인 Citizen Kane〉(1941)

"그가 어떻게 죽었는지 말해 주시게."
"어떻게 살았는지를 말씀드리죠."
— 메이지 천황 & 네이든 알그렌 대위(나카무라 시치노스케 II & 톰 크루즈), 〈라스트 사무라이 The Last Samurai〉(2003)

"우린 여기 잠깐 동안 왔다 가는 거야. 그러니 있는 동안에라도 즐겨야지."
— 에이미(에이미 아담스), 〈그녀 Her〉(2013)

"끔찍한 일들도 나름의 아름다움을 갖고 있어요."

— 카를로스(존 코르타자레나), 〈싱글 맨 A Single Man〉(2009)

"그 아이가 왔을 때 특별한 걸 주고 갔지, 그렇지? 그걸 간직하면 돼. 그럼 네 안에 살아 있는 거야."

— 잭 애론스(로버트 패트릭), 〈비밀의 숲 테라비시아 Bridge to Terabithia〉(2007)

"영혼은 죽지 않아."

— 아이언 자이언트(빈 디젤),
〈아이언 자이언트 The Iron Giant〉(1999)

"아버지는 돌아가신 게 아니야. 내 기억 속에 생생히 살아 계신다. 영원히 사랑하고, 사랑받으며. 그때, 나의 계곡은 얼마나 푸르렀는가."

— 휴 모건(어빙 피첼), 〈나의 계곡은 푸르렀다 How Green Was My Valley〉(1941)

"5막에서 리어왕이 죽었을 때 셰익스피어가 뭐라고 썼는지 아니? '그는 죽었다'라고 적었어. 그게 전부란다. 팡파레도, 메타포도, 화려한 수식어도 없이 말이야. 정극의 정점에 있는 작품의 절정에서 '그는 죽었다'라니. 천재라는 셰익스피어가 고작 '그는 죽었다'라고 쓴 거야. 하지만 난 매번 그 문장을 볼 때마다 죽음의 감정에 압도되곤 해. 당연히 슬퍼야 하지만, 이는 '그가 죽었다'라는 문장 때문이 아니야. 그 문장이 나오기까지 우리에게 보여준 삶 때문이지. 나도 내 인생의 5막을 모두 살았단다. 내가 죽는다는 사실에 기뻐하라는 뜻이 아니야. 다만 내 페이지를 넘긴 후에도, 멈추지 말고 계속 읽어나가 이야기를 진행시켜 주길 바라는 거야. 만일 누군가 나에 대해 묻거든, 넌 내 삶의 그 모든 경이로움을 단순하고 수수하게 표현해 주면 돼. '그는 죽었다'라고."

— 마고리엄(더스틴 호프만), 〈마고리엄의 장난감 백화점 Mr. Magorium's Wonder Emporium〉(2007)

"난 살고.
죽어.
다시 살아날 거야."

— 눅스(니콜라스 홀트),
〈매드 맥스: 분노의 도로 Mad Max: Fury Road〉(2015)

"죽음의 순간, 지나온 삶이 주마등처럼 순식간에 지나간다고 한다. 먼저, 순식간은 전혀 순식간이 아니다. 찰나로 시작해, 마치 시간의 바다처럼 영원히 펼쳐진다. 내 경우 이런 그림이었다. 보이스카우트 캠프에서 떨어지는 별을 보며 누워 있는 나. 도로에 늘어선 노란 단풍나무 잎. 그리고 할머니의 손, 종이처럼 까끌까끌했던 그 살가죽. 사촌 토니가 새로 산 파이어버드를 처음 본 순간. 나한테 일어난 일을 생각하면 무척 화가 날 것도 같지만… 그렇게 살 순 없다. 세상에는 아름다운 것들이 너무나도 많으니까."

— 레스터 번햄(케빈 스페이시), 〈아메리칸 뷰티 American Beauty〉(1999)

**"죽은 자들은 죽지 않는다.
지켜보며, 도와준다."**

— 아가사(사만다 모튼), 〈마이너리티 리포트 Minority Report〉(2002)

"죽음은 문에 불과해요. 하나의 문이 닫히면 또 하나가 열리죠. 만약 천국이 있다면, 내가 상상하는 천국은 이런 거예요. 문이 열리고, 그 뒤에 그가 서 있는 거죠."

— 손미-451(배두나), 〈클라우드 아틀라스 Cloud Atlas〉(2012)

“죽음은 슬픈 게 아니야. 진짜 슬픈 건, 대부분의 사람들이 삶을 살지 않고 있다는 거지.”

— 소크라테스(닉 놀테), 〈평화로운 전사 Peaceful Warrior〉(2006)

“결국에는 우리 중 누구도 이 땅 위에 살고 있지 않을 거예요. 인생은 흘러가니까요. 힘겨울 때면, 눈을 들어 여름날 부드러운 밤하늘에 수놓인 별들을 봐요. 별똥별이 새까만 어둠을 뚫고 밤을 환하게 밝히면, 소원을 빌며 저를 생각해 주세요. 찬란한 삶을 사는 거예요. 저는 그렇게 했거든요.”

— 잭 포웰(로빈 윌리엄스), 〈잭 Jack〉(1996)

“이 그림자도 지나가기 마련이에요. 어둠은 걷히고, 새로운 날이 올 거니까요. 새로이 떠오르는 태양은 어제보다 더 환할 거예요.”

— 샘와이즈 감지(숀 애스틴), 〈반지의 제왕: 두 개의 탑 The Lord of the Rings: The Two Towers〉(2002)

“모든 치료의 절반은 믿음이야.”

— 코너 오말리(루이스 맥더겔), 〈몬스터 콜 A Monster Call〉(2016)*

* **영감의 원천**_ 영화 원작소설의 초안은 아동문학 작가인 시본 도우드가 썼습니다. 말기 암 진단을 받은 도우드는 결국 작품을 마무리하지 못했고, 패트릭 네스가 그녀를 기리며 소설을 완성했습니다.

"장례식은 죽은 사람들을 위한 게 아니에요. 산 사람들을 위한 거죠."

— 헤이즐 그레이스 랭커스터(쉐일린 우들리), 〈안녕, 헤이즐 The Fault in Our Stars〉(2014)

"진정한 상실감은 내 자신보다 타인을 더 사랑할 때만 느낄 수 있는 거야."

— 숀 맥과이어(로빈 윌리엄스), 〈굿 윌 헌팅 Good Will Hunting〉(1997)

"재미없게 들릴지 모르지만, 내 기억에 남은 건
그런 재미없는 일뿐이에요."

— 러셀(조던 나가이), 〈업 Up〉(2009)

SCENE #02

유머

•

때때로 삶이 우리를 너무도 힘들게 할 때면, 가까운 누군가를 잃은 고통과 그리움에 몸서리칠 때면… 우리에게 남은 건 웃음뿐입니다. 물론 장례식은 엄숙한 자리지만, 삶을 위해 건배하는 자리이기도 합니다. 우리는 잃어버린 삶, 그리고 아직 남아 있는 삶 모두를 위해 건배해야 합니다. 죽음을 마주보고 웃을 수 있는 여유, 그것이야말로 우리가 인간임을 가장 잘 보여주는 모습이 아닐까요.

“결국, 살다 보면
죽음보다 더한 것도 있어요.
보험 영업사원과 저녁시간을 함께
보내본 사람이라면
내 말을 정확히 이해할 거예요.
요는, 그러니까…
죽음을 끝이 아닌,
효과적인 비용 절감 방법으로
보자는 거죠.”

— 보리스 그루센코(우디 앨런). 〈사랑과 죽음 Love And Death〉(1975)

"마지막이 되면 우리 모두 알게 될 거예요."
— 저스틴 본드(본인), 〈숏버스 Shortbus〉(2006)

"죽었다는 사실을 악마가 알기 1시간 전에 천국에 도착해 있기를."
— 존 루니(폴 뉴먼), 〈로드 투 퍼디션 Road To Perdition〉(2002)

"그는 말년에 스스로를 되돌아보며 그토록 힘겨웠던 시절이 자신의 삶에서 가장 좋았던 시기라고 했단다. 바로 그를 만들어 준 나날이기 때문이지. 행복했던 시절? 그건 다 쓸모없었대. 아무것도 배우지 못했고."
— 에드윈 후버 할아버지(알란 아킨), 〈미스 리틀 선샤인 Little Miss Sunshine〉(2006)

"그는 결혼식보다 장례식을 좋아했어요. 어찌 됐든 자기가 주인공이 될 가능성이 있기 때문에 진심으로 대하기 쉽다고 했죠. 이 연설을 준비하며, 저는 주변 사람들이 그를 어떻게 생각했는지 알기 위해 그의 주변인들에게 연락해 봤어요. 가장 많이 언급된 말은 '뚱뚱하다'였던 거 같아요. 그만큼이나 많이 나온 얘기는 '무진장 무례하다'였고요. '뚱뚱'과 '무례'는 보통 그를 잘 모르는 사람들 입에서 많이 나온 느낌이에요. 그 와중에 제게 먼저 전화를 걸어 그에 대해, 얼마나 그를 아꼈는지 얘기해 준 고마운 분들도 많았어요. 아마 하늘에서 이를 들었다면 무척 신났을 거 같아요."

— 매튜(존 한나), 〈네 번의 결혼식과 한 번의 장례식 Four Weddings and a Funeral〉(1994)

"내 말 들어봐. 삶은 끝도 없는 괴로움의 연속이고, 행복은 그 사이에 들어가는 광고 같은 거야. 그런데 지금까지는 정말이지 광고의 끝판왕이었어."

— 웨이드 윌슨/데드풀(라이언 레이놀즈), 〈데드풀 Deadpool〉(2016)*

* **캐스팅 비화_** 라이언 레이놀즈는 〈엑스맨 탄생: 울버린 X- Men Origins: Wolverine〉(2009)과 〈데드풀〉(2016) 두 편에서 데드풀을 연기했습니다. 〈데드풀〉에서도 우스꽝스럽게 언급됐듯이 〈엑스맨 탄생〉의 데드풀은 그다지 좋은 평가를 받지 못했기에, 단독 작품을 제작하며 캐릭터 이력을 새로 써야만 했지요. 그럼에도 양쪽의 데드풀 모두 공식 설정으로 인정받습니다.

**“어떤 사람으로 살아가든,
인생은 뒤죽박죽이야.
예수님을 보렴.
하느님의 아들로 태어났지만,
결국 나중에 어떻게 됐니.”**

— 제임스 레이크(빌 나이), 〈어바웃 타임 About Time〉(2013)

“지난 시간을 생각해 보았다. 훌륭했던 시간들. 좋았던 시간들. 똥같았던 시간들. 대부분은… 똥 같은 시간들이었다.”

— 보랏(사차 바론 코헨), 〈보랏: 카자흐스탄 킹카의 미국 문화 빨아들이기 Borat! Cultural Learnings of America for Make Benefit Glorious Nation of Kazakhstan〉(2006)

**“죽은 사람들이
평소에 뭐 하는 줄 알아?
산 사람들 보고 있어.
특히 샤워하는 거.”**

— 13번째 제자 루퍼스(크리스 록), 〈도그마 Dogma〉(1999)

"정말이지 무척 좋아 보여요, 달링. 아주 예쁘게 화장해 줬군요. 영안실에서 쓰는 크림이 뭔지 알아야겠어요…. 나도 좀 쓰게."

— M. 구스타브(랄프 파인즈), 〈그랜드 부다페스트 호텔 The Grand Budapest Hotel〉(2014)

"웃음은
정말 강력한 걸 수도 있어요.
그렇잖아요,
가끔은 웃음만이
유일한 무기일 때도 있으니까."

— 로져 래빗(찰스 플레셔),
〈누가 로져 래빗을 모함했나 Who Framed Roger Rabbit〉(1988)

"죽냐니. 죽는 건 전구고. 나는 떠나는 거란다."

— 마고리엄(더스틴 호프만), 〈마고리엄의 장난감 백화점 Mr. Magorium's Wonder Emporium〉(2007)

"다음 생에서 만나자…
둘 다 고양이로 태어나서."

— 데이비드 에임즈(톰 크루즈), 〈바닐라 스카이 Vanilla Sky〉(2001)*

* **캐스팅 비화_** 페넬로페 크루즈는 원작인 스페인 영화 〈오픈 유어 아이즈 Open Your Eyes〉와 이 영화에서 모두 주인공 역을 맡았습니다.

"죽음, 나의 개같은 연인이여!"
— 토드 클레어리(키어 오도넬), 〈웨딩 크래셔 Wedding Crashers〉(2005)

"그는 자란 적이 없어요.
세상이 그를 두고 자란 거죠.
그렇게 된 거예요."

— 애너 슈미트(알리다 발리), 〈제3의 사나이 The Third Man〉(1949)*

* **뒷이야기_** 자신의 잘못을 변호하고 전쟁 없는 사회의 무의미를 역설하는 유명한 "뻐꾸기시계" 대사는 오손 웰즈의 애드리브였습니다. 예전 연극에서 들었던 대사를 바탕으로 현장에서 즉석으로 썼는데, 웰즈는 참고한 그 연극의 제목과 작가는 기억나지 않는다고 밝혔습니다.

"그분은 인간으로 지내는 걸 좋아했어. 그래서 그렇게 진짜 인간처럼 보였나 봐."

— 13번째 제자 루퍼스(크리스 록), 〈도그마 Dogma〉(1999)

"만일 내가 내 지갑에서 돈을 꺼내 당신에게 주면, 그 고통이 좀 덜하겠어요?"

— 론 버건디(윌 페럴), 〈앵커맨 Anchorman: The Legend of Ron Burgundy〉(2004)

상실을 다룬 영화들

스트레인저 댄 픽션 Stranger than Fiction(2006)

감독 마크 포스터 **각본** 자크 헬름

주연 윌 페럴, 에마 톰슨, 매기 질렌할, 더스틴 호프만, 퀸 라티파

평범한 일상을 보내온 한 남자가 어느 날 머릿속에서 자신이 곧 죽을 거라고 말하는 여성의 목소리를 듣고는 과감히 세상 밖으로 뛰쳐나옵니다. 비록 코미디로 분류되기는 하지만, 개봉과 함께 윌 페럴의 정극 연기가 호평을 받았습니다.

싱글 맨 A Single Man(2009)

감독 톰 포드 **각본** 데이비드 시어스, 톰 포드

주연 콜린 퍼스, 줄리안 무어, 매튜 구드

연인의 죽음 이후 수개월이 지나도 그 고통에서 벗어나지 못한 중년의 게이 교수가 어느 날 삶을 끝내기로 결심합니다. 그러나 죽음이 예정된 바로 그날, 그는 삶의 작은 파편들이 고통을 덜어 주며 그에게 살아갈 희망을 준다는 사실을 깨닫습니다.

업 Up(2009)

감독 피트 닥터 **각본** 밥 페터슨, 피트 닥터
주연 에드 에스너, 크리스토퍼 플러머, 조던 나가이.

사랑하는 아내를 먼저 떠나보낸 80대 노년의 풍선 세일즈맨이, 평생 꿈꿔왔던 소원을 이루고자 수천 개의 풍선을 집에 매달아 남아프리카로 날아갑니다.

Mr. 후 아 유 Death at a Funeral(2007)

감독 프랭크 오즈 **각본** 딘 크레이그
주연 매튜 맥퍼딘, 루퍼트 그레이브스, 앤디 나이맨

고상한 영국 가족이 아버지의 장례식을 위해 한자리에 모입니다. 그러나 추도를 시작하기도 전에 아버지와 가족 간에 얽힌 온갖 비밀이 드러나며 장례식은 엉망이 됩니다. 죽음과 비밀을 코믹하게 다룬 이 영화는 2010년 크리스 록을 비롯한 아프리카계 미국 배우들을 중심으로 리메이크되기도 했습니다. 피터 딘클리지는 두 영화 모두 같은 캐릭터로 출연했습니다.

안녕, 헤이즐 The Fault in Our Stars(2014)

감독 조쉬 분 **각본** 스콧 뉴스타드터, 마이클 H. 웨버
주연 쉐일린 우들리, 안셀 엘고트, 윌렘 데포

암환자 모임에서 만난 두 10대가 미친 듯이 사랑에 빠집니다. 동명의 영어덜트 베스트셀러 소설을 각색한 영화입니다.

보통 사람들
Ordinary People(1980)

감독 로버트 레드포드 **각본** 엘빈 사전트
주연 티모시 허튼, 주드 허쉬, 메리 테일러 무어

함께 보트놀이를 하던 형이 익사한 뒤 동생은 자살을 시도하는 등 죄책감에 시달리며 고통받습니다. 그리고 이를 극복하기 위해 평범하지 않은 의사의 도움을 받습니다.

디센던트 The Descendants(2011)

감독 알렉산더 페인 **각본** 알렉산더 페인, 냇 팩슨, 짐 래쉬
주연 조지 클루니, 쉐일린 우들리, 매튜 릴라드

보트 사고 이후 혼수상태에 빠진 아내의 생명 유지 장치를 떼어내기로 결정한 남편이, 그녀에게 다른 남자가 있었다는 사실을 알게 됩니다. 그는 딸과 함께 아내의 다른 남자를 찾아 진실을 밝히는 한편 아내에게 작별인사를 건넬 기회를 주고자 합니다.

우리, 사랑해도 되나요? The Family Stone(2005)

각본/감독 토마스 베주차 **주연** 다이안 키튼, 크레이그 T. 넬슨, 사라 제시카 파커

자유분방한(동시에 깐깐한) 한 가정의 장남이 약혼자를 소개하기 위해 집에 데려옵니다. 집안 분위기와 맞지 않는 고루하고 완강한 성격의 약혼자 덕분에 가족이 분열될 지경에 이르지만, 아들은 이번이 어머니에게 마지막 크리스마스가 될 것을 알지 못합니다.

슈퍼 에이트 Super 8(2011)

각본/감독 J.J. 에이브럼스

주연 조엘 코트니, 엘르 패닝, 카일 챈들러

〈슈퍼 에이트〉는 마을을 위협하는 초자연적 현상에 맞서는 동시에 크나큰 상실을 이겨내야 하는 한 아이와 아버지의 이야기를 그립니다. 이 영화는 스티븐 스필버그의 앰블린 엔터테인먼트 시대의 영화를 오마주했는데, 스필버그는 〈슈퍼 에이트〉의 제작을 맡기도 했습니다.

공포 탈출 Fearless(1993)

감독 피터 위어

각본 라파엘 이글레시아스

주연 제프 브리지스, 로지 페레즈, 이사벨라 로셀리니

끔찍한 비행기 추락 사고에서 살아남은 한 중년 남성이 삶에 의문을 품으며 자신의 목숨을 소중히 여기지 않고 무모하게 행동하기 시작합니다. 이후 그는 같은 비행기 사고에서 살아남았으나 아들을 잃고 죄의식에 빠져 사는 한 여성을 만나 자신의 문제를 치료하고자 합니다.

몬스터 콜 A Monster Call(2016)

감독 J.A. 바요나

각본 패트릭 네스

주연 시고니 위버, 펠리시티 존스, 루이스 맥더겔, 리암 니슨

죽음을 앞둔 엄마를 보며 괴로워하는 한 소년 앞에, 어느 날 밤 주목나무로 만들어진 몬스터가 찾아와 삶과 죽음에 대한 네 가지 교훈을 전해줍니다.

6

희망

개인 차원의 영감, 실천,
그리고 사회 변혁

6

HOPE

희망

개인 차원의 영감, 실천, 그리고 사회 변혁

영화 속 세계는 현실 도피의 수단으로 쓰일 때가 많습니다. 무더운 여름날 우린 동네 극장에 가 팝콘과 음료를 사고, 에어컨 바람을 맞으며, 어두운 곳에 앉아 반짝이는 스크린에 몸을 맡깁니다. 그리고 잠시 동안, 때로는 불과 몇 초밖에 안 되는 짧은 시간일지라도, 우리는 주변의 힘든 일을 비롯해 세상에 만연하는 고통을 전부 잊을 수 있습니다. 스트레스 관리와 정신건강 면에서, 내가 왜 극장에 왔는지 잊을 정도로 영화에 빠질 수 있다면 이보다 좋은 건 없을 겁니다. 하지만 우리는 영화가 예술이라는 사실을, 그리고 인간은 예술에서 영감과 동기를 찾는다는 사실을 잊어선 안 됩니다. 단지 피하고 싶은 현실을 잊는 정도에 만족해선 안 됩니다. 어두운 극장에서 훌륭한 예술 작품은 우리 내면에 불꽃을 일으키는 불쏘시개 역할을 할 겁니다. 그렇다고 꼭 대단히 훌륭하고 위대한 작품일 필요는 없습니다. 가벼운 대중 영화에서도 얼마든지 의미를 찾을 수 있기 때문입니다. 〈라따뚜이〉를 본 한 까칠한 비평가는 이렇게 말했죠. "거시적인 관점에서 보면, 어떤 작품을 평범한 쓰레기로 보는 비평보다 그 쓰레기가 더 의미 있을 가능성이 높다."

영화는 다양한 요소로 사람들을 묶는 힘을 가졌지만, 그 중심에 있는 것은 분명 희망일 것입니다. 개인적으로 힘든 일을 겪고 있든, 아니면 온 세계가 끔찍한 비극을 겪고 있든, 긍정적인 영감의 원천은 어디에나 있습니다. 마음의 문을 닫지 말고 항상 희망을 찾아 눈을 돌려 보세요. 이 책의 마지막 장인 이곳이 그 출발점이 되기를 바랍니다.

SCENE #01

개인 차원의 영감 & 동기 부여

•

주변에 어떤 긍정적 영향을 줄 수 있을지 생각하기 전에, 아침에 눈을 뜨고 일어나야 하는 이유를 먼저 고민해봐야 합니다. 사실, 말보다 실천이 훨씬 어렵지요. 삶이 곤두박질치고 있다고 느낄 때 어디선가 희망이 샘솟을 거라 믿는 것은 결코 쉬운 일이 아닙니다. 하지만 이럴 때 포기해선 안 됩니다. 여러분이 좋아하는 영화, 그리고 이를 함께 나눌 주변 사람들을 생각하세요. 골치가 너무 아파 생각조차 하기 싫다면, 지금부터 제가 추천해 드리는 대사를 얼마든지 빌려 쓰셔도 괜찮아요.

"그 길이 얼마나 먼지 말해줄 수는 없지만, 그 길 위에 놓여 있을 장애물을 두려워하지 말게. 운명이 자네들의 보상을 약속해줄 터이니. 그래, 비록 길은 굽이굽이, 마음은 지치더라도, 포기하지 말고 따라가다 보면 결국 구원에 도달할 것이야."

— 맹인 예언자(리 워버), 〈오 형제여 어디 있는가 O Brother, Where Art Thou?〉(2000)*

* **흥미로운 사실_** 이 영화의 제목은 영화광 사이에서 퀴즈 소재로 널리 쓰이곤 합니다. 고전영화 〈설리반의 여행 Sullivan's Travels〉(1942)에서 주인공은 코미디영화 감독으로 이름을 알렸으나 민중의 고통을 반영한, 진중한 사회파 드라마를 만들고 싶어합니다. 그러나 좌충우돌 소동을 겪으며 그는 자신의 코미디영화가 관객들에게 시대를 이겨낼 힘을 주었다는 사실을 알게 되고, 기획했던 영화를 폐기합니다. 영화 속에서 그가 제작하려 했던 작품의 제목이 바로 〈오 형제여 어디 있는가 O Brother, Where Art Thou?〉입니다.

"제아무리 암울한 시기라 해도 기쁨은 있는 법. 빛을 밝히는 법만 기억하면 돼."

— 알버스 덤블도어(마이클 갬본), 〈해리 포터와 아즈카반의 죄수 Harry Potter and the Prisoner of Azkaban〉(2004)

"개같은 하루만 어떻게든 버텨."

— 조지(콜린 퍼스), 〈싱글 맨 A Single Man〉(2009)

"나쁜 일은 생겨. 살다 보면 반드시 생겨. 하지만 살아남을 수 있잖아. 살아남을 수 있어."

— 조 램(조엘 코트니), 〈슈퍼 에이트 Super 8〉(2011)

"용기란 두려움이 없는 상태가 아니라, 두려움을 극복해야 하는 이유를 아는 마음가짐이다. 용감한 자라고 영원히 사는 건 아니지만, 소심한 자는 아예 살지 못한다."

— 필립 레날디(린 어벌조노이스), 〈프린세스 다이어리 The Princess Diaries〉(2001)

"할 수 있는 건 뭐든 다 하고 있는 힘껏 최선을 보여 준다면, 그렇게 긍정적인 마음을 갖는다면, 구름 뒤로 비치는 햇살을 볼 수 있어요."

— 팻 솔리타노 주니어(브래들리 쿠퍼), 〈실버라이닝 플레이북 Silver Linings Playbook〉(2012)*

* **캐스팅 비화_** 감독이자 각본을 쓴 데이비드 O. 러셀은 이 영화의 주인공인 팻 솔리타노 역에 그동안 여러 번 함께했던 마크 월버그를 캐스팅했다고 합니다. 이 영화를 〈파이터 The Fighter〉(2010)의 정신적인 속편으로 생각했던 것이죠. 그러나 결국 팻 역에 브래들리 쿠퍼를 다시 캐스팅했고, 이는 이후 데이비드 O. 러셀과 마크 월버그 두 사람 사이가 멀어지는 결정적 계기가 되었습니다.

"생명이 존재하는 한, 희망은 있습니다."

— 스티븐 호킹(에디 레드메인), 〈사랑에 대한 모든 것 The Theory of Everything〉(2014)

"네게 한 번의 기회가 있다면, 그동안 원했던 모든 걸 손에 쥘… 단 한 번의 기회가 주어진다면, 움켜쥘 거야? 아니면 흘려보내겠어?"

— B. 래빗(에미넴), 〈8마일 8 Mile〉(2002)

"평범한 사람들의 일상, 작은 행동이야말로 어둠을 물리칠 무기가 되지요. 소소한 선행, 그리고 사랑과 같은."

— 갠달프(이안 맥켈런), 〈호빗: 뜻밖의 여정 The Hobbit: An Unexpected Journey〉(2012)

"결국 선택은 아주 단순해요,
진짜로.
바쁘게 살든가,
바쁘게 죽든가."

— 앤드 듀프레인(팀 로빈스), 〈쇼생크 탈출 The Shawshank Redemption〉(1994)

"이봐, 그렇게 시계를 쥐어짠다고 시간이 멈추는 건 아냐."

— 벤 웨이드(러셀 크로우), 〈3:10 투 유마 3:10 to Yuma〉(2007)

"해는 매일같이 뜨고 지지. 하지만 그럴 때마다
너희가 얻는 건 뭐지? 새날을 얻는 거야."

— 댄 던(라이언 고슬링), 〈하프 넬슨 Half Nelson〉(2006)

"나쁜 상황이 오면
내가 바꿀 수 있다고 믿어야만 해."

— 짐 브래독(러셀 크로우), 〈신데렐라 맨 Cinderella Man〉(2005)

"희망은 좋은 겁니다. 어쩌면 최고일지도 몰라요. 좋은 건 결코 사라지지 않아요."
— 앤디 듀프레인(팀 로빈스), 〈쇼생크 탈출 The Shawshank Redemption〉(1994)

"내가 해줄 수 있는 말은 절대 포기하지 말라는 거야. 결승점이 코앞이니까. 대기소에서 보자고…. 끝까지 집중해."
— 헬프만(피터 본), 〈브라질 Brazil〉(1985)

"걱정하면 두 배로 더 괴롭다는 게 제 철학이에요."

— 뉴트 스캐맨더(에디 레드메인),
〈신비한 동물사전 Fantastic Beasts and Where to Find Them〉(2016)

"그냥 계속 헤엄쳐요.
그냥 계속 헤엄쳐요.
그냥 계속 헤엄쳐요."
— 도리(엘런 드제너러스),
〈니모를 찾아서 Finding Nemo〉(2003)

“난 여전히 낙원을 믿는다. 하지만 찾아 나설 수 있는 곳이 아니라는 걸 안다. 왜냐하면 낙원은 눈앞에 존재하는 곳이 아니며, 당신이 낙원이라 믿는 순간 그곳이 낙원이 되기 때문이다. 그 순간을 만난다면 그 건… 영원히 지속된다.”

— 리처드(레오나르도 디카프리오), 〈비치 The Beach〉(2000)

“떠나요, 모험의 세계로!”

— 엘리(엘리자베스 닥터), 〈업 Up〉(2009)*

* **캐스팅 비화_** 영화 속 엘리의 대사는 감독인 피트 닥터의 딸인 엘리자베스 닥터가 녹음했습니다. 애니메이션용 스케치도 엘리자베스를 모델로 그렸다고 합니다.

SCENE #02

실천, 그리고 사회 변혁

미국은 정치·문화에 일반 시민의 참여가 끊이지 않았던 나라입니다. 개중에는 오랜 기간 여러 사람의 손을 거쳐 서서히 만들어지고 다듬어진 운동도 있지만, 간혹 그동안 억눌려 있던 무언가가 한순간에 폭발하며 순식간에 큰 물결을 이룬 적도 있습니다. 그 원천이 어디에 있든 인류 발전을 추구하는 사람들, 상상의 영역을 넘어 세상을 지금보다 더 나은 곳으로 만들고자 하는 사람들에게 정치운동은 동력이자 회복력이 됩니다. 정치운동의 목표는 때로 너무나 높고 고결해 비현실적으로 보이기도 합니다. 기계에 맞서 분노하고, 의견을 같이하지 않는 수백만과 대치해 싸우는 여러분이 드넓은 바다에 떨어지는 물 한 방울에 불과하다고 여기는 사람들도 있습니다. 혹여 누가 그런 말을 하거든, 다음 대사를 떠올리세요….

—

“이건 세상의 ‘우리들’을 위한 것입니다. 게이뿐만 아니라 흑인, 동양인, 장애인, 노인, 이 모든 ‘우리들’ 말입니다. 희망이 없다면 이 ‘우리들’은 포기해야 합니다. 물론 희망만으로 살 수 없다는 건 잘 알지만, 희망마저 없으면 삶은 살아갈 가치를 잃어버립니다. 그러니 당신, 그리고 당신, 그리고 당신… 여러분이 그들에게 희망을 줘야 합니다. 여러분이 그들에게 희망을 줘야 합니다.”

— 하비 밀크(숀 펜), 〈밀크 Milk〉(2008)

“그 물방울들이 모여 바다가 된 거 아닌가요?”

— 아담 어윙(짐 스터지스), 〈클라우드 아틀라스 Cloud Atlas〉(2012)

“그저 저 위로 올라가 보시길 부탁드립니다. 자유를 상징하는, 저 자유의 여신상이 있는 곳으로 올라가세요. 의미를 찾고 싶다면 여신상의 눈으로 세상을 바라보십시오. 그럼 단순한 풍경이 아닌, 수 세기에 걸쳐 우리 인간이 싸워서 얻어낸 영광을 보게 될 겁니다. 정글의 법칙에서 벗어나기 위해, 인종이나 피부색, 종교에 관계없이 자유와 품위를 걸치고 자신의 두 발로 서기 위해 싸워온 인류를 보게 될 겁니다. 진정한 자유 앞에 탐욕이나 거짓, 타협이 설 자리는 없습니다.”

— 제퍼슨 스미스 의원(제임스 스튜어트), 〈스미스씨 워싱톤 가다 Mr. Smith Goes to Washington〉(1939)

“지금 이 순간, 확신하건데, 우리에게 한계는 없어.”

— 찰리 켈멕키스(로건 러먼),
〈월플라워 The Perks of Being a Wallflower〉(2012)

“넌 너야.
그건 누구도 앗아갈 수 없어.
하늘에 계신 주님도.”

— 메타트론(앨런 릭먼), 〈도그마 Dogma〉(1999)

“우리의 삶은 우리 것이 아닙니다. 자궁에서 무덤까지 우리는 타인과 엮여 있습니다. 과거에도, 현재도. 악행을 저지르고 선행을 베풀 때마다, 우리는 미래를 낳는 것입니다.”

— 손미-451(배두나), 〈클라우드 아틀라스 Cloud Atlas〉(2012)*

***영감의 원천_** 〈클라우드 아틀라스〉는 래리와 앤디에서 라나, 릴리로 개명한 워쇼스키 자매가 재미와 의미라는 두 마리 토끼를 잡고자 만든 영화입니다. 워쇼스키 자매는 그동안 영화를 통해 다름과 저항, 성, 정체성 등을 다뤄왔습니다. 특히 라나 워쇼스키는 2008년 작 〈스피드 레이서 Speed Racer〉 개봉과 함께 자신이 성전환 수술을 했음을 드러내며, 할리우드 유명 감독 중 최초로 커밍아웃한 트랜스젠더 감독이 되었습니다. 2016년에는 릴리 워쇼스키 역시 트랜스젠더로 커밍아웃하며, 서로를 비롯한 가족의 존재 덕분에 힘을 얻었다고 밝혔습니다.

“절망 앞에서, 난 사랑과 진실이 언제나 승리했다는 걸 떠올리지. 폭군과 살인자들이 강고해 보일 때도 있지만, 그들은 결국 무너지고 말아. 그걸 잊지 말거라. 항상.”

— 마하트마 간디(벤 킹슬리), 〈간디 Gandhi〉(1982)

“우린 모두 각자 다른 이유로 한 배를 탔지만, 이제는 하나로 뭉쳐야 할 때야. 그러니 어느 때보다도 진심으로 부탁할게. 이제 도망치지 않겠어. 저항하고, 맞서 싸울 거야.”

— 말콤 레이놀즈(나단 필리온), 〈세레니티 Serenity〉(2005)

“지금쯤 너도 알 텐데. 이기지 못한다는 걸. 무의미한 저항이잖아. 대체 왜? 왜? 왜 포기하지 않는 거지?” “그게 내 선택이니까.”

— 스미스 요원(휴고 위빙) & 네오(키아누 리브스),
〈매트릭스 3: 레볼루션 The Matrix Revolutions〉(2003)

"미래는 일직선이 아니라 수많은 갈림길로 이뤄져 있어. 우리가 스스로 선택할 수 있는 미래도 있을 거야."

— 키요코(이토 후쿠에), 〈아키라 アキラ〉(1988)

"미칠 것같이 화가 나. 더 이상 참지 않겠어!"

— 하워드 빌(피터 핀치), 〈네트워크 Network〉(1976)

"아주 가끔, 결코 자주는 아니지만, 정의 구현에 일조하는 경우가 있지요. 그때의 기분은 말로 설명할 수 없을 만큼 짜릿합니다."

— 앤드류 베켓(톰 행크스), 〈필라델피아 Philadelphia〉(1993)

"난 항상 세상을 구하려고 했다. 전쟁을 끝내고 인류에게 평화를 안겨주고 싶었다. 하지만 난 그들의 빛 속에서 어둠을 보았다. 인간의 내면에 어둠과 빛이 함께 존재한다는 사실을 깨달았다. 선택은 그들이 내리는 것이다. 그 어떤 영웅도 이를 강제할 수 없다. 나는 빛과 빛 사이에 존재하는 어둠을 보았다. 이 세상 최악의 모습과 최고의 모습을 모두 보았다. 증오의 이름으로 인류가 저지른 끔찍한 악행을, 사랑을 바탕으로 한 고귀한 희생을 목격했다. 이제는 안다. 오직 사랑만이 세상을 구할 수 있다는 사실을. 그래서 난 남아, 싸우고, 희생한다. 내가 아는 이 세상이 유지될 수 있게. 이제 이것이 내 사명이다. 앞으로도 영원히."

— 다이애나 프린스/원더 우먼(갤 가돗), 〈원더 우먼 Wonder Woman〉(2017)

"우린 물건이 아냐. 우린 물건이 아냐!"

— 케이퍼블(라일리 코프),
〈매드맥스: 분노의 도로 Mad Max: Fury Road〉(2015)

"그래서, 이길 싸움만 골라서 한다는 겁니까? 싸워야 하는 일이라면 싸워야죠!"

— A. J. 맥킨어니(마틴 쉰),
〈대통령의 연인 The American President〉(1995)*

* **뒷이야기_** 최초 각본은 350쪽이 넘었다고 합니다. 그대로 만들었다면 대략 6시간짜리 영화가 될 뻔했지요. 실제 영화에 쓰이고 남은 분량은 작가 아론 소킨이 이후 TV 시리즈 〈웨스트 윙 The West Wing〉에서 직간접적으로 활용했다고 합니다. 마틴 쉰은 두 작품에 모두 출연했습니다.

"'오른손과 왼손' 이야기를 해 주지. 선과 악에 관한 이야기야. 증오: 이 손은 카인이 동생 아벨을 죽인 손이야. 사랑: 여기 이 다섯 손가락은 남자의 혼을 어루만지지. 오른손, 사랑의 손. 이건 바로 삶에 대한 이야기야. 변하지 않지. 두 손이 항상 서로 싸움질을 하는데, 지금은 왼손이 두들겨 패고 있어. 봐 봐, 오른손, 그러니까 사랑은 끝난 거나 다름없는 상태야. 하지만 잠깐, 종 치지 말고 잠깐 기다려. 오른손이 돌아오고 있으니까. 그래, 오른손이 왼손을 박살내고 있어. 어마무시한 오른손 훅에 증오가 비틀거려. 좋아, 쓰러졌어. 왼손, 즉 증오가 사랑에 패배한 거야!"

— 라디오 라힘(빌 넌), 〈똑바로 살아라 Do the Right Thing〉(1989)

"이념과 어떻게 싸우느냐고요? 알려드리죠. 또 다른 이념으로 맞서는 겁니다."

— 멧살라(스티븐 보이드), 〈벤허, Ben- Hur〉(1959)

"반대와 배신을 혼동해선 안 됩니다. 고발되었다는 사실이 곧 증거가 아님을, 유무죄는 증거를 바탕으로 적법한 절차를 거쳐 가려야 함을 잊지 말아야 합니다. 서로를 두려워해선 안 됩니다. 역사를 깊이 돌아보고, 원칙을 되새기고, 선조의 용맹함을 잊지 않는다면 공포의 시대로 들어서는 것을 막을 수 있습니다. 우리의 선조는 주저할 만한 상황에서조차 두려움 없이 글을 쓰고, 입장을 밝히고, 말하고, 당시엔 인기 없던 대의를 옹호했습니다."

— 에드워드 R. 머로, 〈굿나잇 앤 굿럭 Good Night, And Good Luck〉(2005) 대사에 인용됨.

"가장 보잘것없는 행동도 미래를 바꿀 수 있어."

— 케이시 뉴튼(브릿 로버트슨), 〈투모로우랜드 Tomorrowland〉(2015)

"그는 두 가지, 오직 두 가지에만 관심이 있습니다. 국민을 두렵게 하고, 그 책임을 누군가한테 돌리는 것. 바로 그렇게 선거에서 승리하는 겁니다. 과거의 잘나갔던 시절을 기억하는 중년의 중간계급, 중산층 유권자를 모아 놓고 가족과 미국의 가치, 미국의 전형을 이야기하는 겁니다."

— 앤드류 쉐퍼드 대통령(마이클 더글라스), 〈대통령의 연인 The American President〉(1995)

"누가 뭐라고 하든 상관하지 마. 말과 사상은 세상을 바꿀 수 있으니까."

— 존 키팅(로빈 윌리엄스), 〈죽은 시인의 사회 Dead Poets Society〉(1989)

"듣고 있는 거 안다. 이젠 너희를 느낄 수 있으니까. 두려워하는 것도… 우리를 두려워하는 것도 안다. 변화가 두려운 거지. 난 미래를 모른다. 난 어떻게 끝날지를 말하려고 온 게 아니다. 어떻게 시작할지를 말하려고 온 것이다. 이제 난 전화를 끊고, 이들에게 너희가 보이길 원치 않는 것을 보여 줄 것이다. 너희가 없는 세계를. 규칙도 통제도, 국경도 경계도 없는 세계, 모든 것이 가능한 세계를. 그 후로 어떻게 될 것인지는 네게 맡기겠다."

— 네오(키아누 리브스), 〈매트릭스 The Matrix〉(1999)

**"아버지가 해준 말이 있어요.
'세상에 큰일이 생겼을 때,
둘 중 하나를 택할 수 있다.
가만히 구경만 하든가,
아니면 직접 나서든가.'
구경만 하는 건 이미 해봤거든요."**

— 스티브 트레버(크리스 파인), 〈원더 우먼 Wonder Woman〉(2017)

"사랑하는 이들을 위해, 우리가 믿는 신념을 위해 죽을 각오가 없다면 충실히 사는 것이 아니다."

— 마틴 루터 킹 주니어(데이비드 오예로워), 〈셀마 Selma〉(2014)

"여긴 석탄 가스로 가득한 곳이나 다름없어요. 작은 불꽃 하나로도 전부 다 끝장날 수 있죠. 그러니 천천히 하나씩 구덩이를 파 나가야 해요. 조직력을 키우고, 맷집을 길러야 하죠. 다 함께 하는 거야. 모두 다 함께!"

— 조 케네한(크리스 쿠퍼), 〈메이트원 Matewan〉(1987)

"이 마스크 뒤에 있는 건 살점만이 아니야. 이 뒤에는 신념이 있어. 신념은 총알로도 죽일 수 없지."

— 브이(휴고 위빙), 〈브이 포 벤데타 V for Vendetta〉(2005)

"미안하지만 난 황제가 되고 싶지 않습니다. 그건 내가 할 일이 아닙니다. 난 누구도 정복하거나 지배하고 싶지 않습니다. 대신 가능하다면 누구든 돕고 싶습니다. 유대인, 비유대인, 흑인, 백인, 누구라도. 우린 모두 서로를 돕고 싶어합니다. 그건 인간의 본성이기 때문입니다. 우린 타인의 불행이 아닌, 행복을 양식 삼아 살고 싶어합니다. 남을 증오하거나 경멸하고 싶지 않아 합니다. 지구에는 모두를 품을 공간이 있고, 풍요로운 대지에는 모두를 위한 양식이 있습니다. 삶은 얼마든지 자유롭고 아름다울 수 있는데, 우린 그 길을 잃고 말았습니다. 인간의 영혼을 잠식한 탐욕이 세상에 증오의 벽을 쳐 버리고, 우릴 불행과 전쟁으로 몰아넣었습니다. 발전의 속도는 빨라졌지만, 대신 스스로를 가둬 버렸습니다. 우리에게 넉넉함을 가져다 준 기계 덕분에 우리는 욕심을 얻게 되었습니다. 지식은 냉소를, 기지는 불친절과 고집을 낳았습니다. 생각은 너무 많고, 느끼는 것은 너무 적습니다. 기계 이상으로, 우리에게는 인류애가 필요합니다. 기지 이상으로, 우리에게는 관용과 자상함이 필요합니다. 지금 이대로는 폭력이 지배하여 모든 것을 잃게 될 겁니다. 비행기와 라디오 덕분에 서로가 그 어느 때보다도 가까워진 지금이야말로 인간의 선함을 일깨울

때입니다. 인류 보편적인 형제애, 그리고 하나됨과 같은 가치를 일깨워야 합니다. 지금 이 순간에도 내 목소리가 희망을 잃은 남자, 여자, 어린이, 그리고 인간을 고문하고 죄 없는 이들을 가두는 체제의 희생자 등, 전 세계 방방곡곡 수많은 이들의 귀에 닿고 있습니다.

지금 내 목소리를 듣고 있는 이들에게 내 당부하니, 결코 절망하지 마십시오. 지금 우리를 괴롭히는 것은 그저 일시적인 탐욕, 인류의 발전을 두려워하는 자들의 비웃음뿐입니다. 인간을 향한 증오는 지나갈 것이며, 독재자들은 죽어 사라질 것입니다. 그들이 빼앗아간 힘은 다시 사람들의 손으로 돌아올 것입니다. 인간에게 죽음이 있는 한, 자유는 결코 소멸하지 않을 것입니다. 병사들이여! 여러분을 경멸하고, 노예로 부리며, 여러분의 삶과 행동, 사고와 감정을 통제하고, 훈련시키고, 짐승처럼 다루며 총알받이로 여기는 포악한 자들에게 굴복하지 마십시오! 비정상적인 인간들, 기계의 마음과 기계의 정신을 가진 기계— 인간들에게 엎드리지 마십시오! 여러분은 기계도, 짐승도 아닙니다. 여러분은 인간입니다! 각자 가슴속에 인류애를 지닌 인간입니다! 여러분은 타인을 증오하지 않습니다! 사랑받지 못한 자들, 사랑받지 못하고 비정상적인 자들만이 누군가를 증오합니다. 병사들이여! 노예제 존속을 위해 싸워선 안 됩니다! 자유를 위해 투쟁하십시오!

누가복음 17장에 하느님의 왕국은 인간 모두에게 있다는 말이 나옵니다. 한 사람, 한 무리의 인간이 아닌 모든 인간에게 있다는 것입니다! 바로 여러분에게 말입니다! 하나가 되어 뭉친 여러분은 힘이 있습니다. 기계를 만들 힘, 행복을 창조해낼 힘이 있습니다! 하나가 되어 뭉친 여러분은 자유롭고 아름다운 삶을 만들 힘이, 멋진 모험을 만들어낼 힘이 있습니다. 그러니 민주주의의 이름으로 그 힘을 사용합시다. 모두가 화합합시다. 모두에게 일할 기회를, 젊은이에게 미래를, 노인에게 안정을 보장하는 제대로 된 세상, 새로운 세상을 위해 싸웁시다. 포악한 자들 역시 바로 이 약속을 이용해 권력의 자리에 올랐습니다. 그러나 그건 거짓이었습니다! 권력자들은 약속을 지키지 않습니다. 앞으로도 그러할 것입니다! 독재자들은 스스로에게 자유를 주는 한편, 사람들을 노예로 만듭니다. 이제 다 함께 싸워 그 약속을 이행시킵시다. 다 함께 싸워 세상에 자유를 안겨 줍시다! 나라 간의 장벽을 없앱시다! 다 함께 세상에서 탐욕을, 증오와 편협함을 지워버립시다! 과학과 진보가 모든 인간에게 행복을 보장하는, 이성이 제자리를 찾은 세상을 위해 싸웁시다. 병사들이여, 민주주의의 이름으로, 모두 하나가 됩시다!"

— 유대인 이발사(찰리 채플린), 〈위대한 독재자 The Great Dictator〉(1940)*

* **영감의 원천_** 〈위대한 독재자 The Great Dictator〉는 무성영화 시대가 저문 지 거의 10년 만에 찰리 채플린이 만든 첫 유성영화입니다. 히틀러의 연설 스타일을 풍자하고 클라이맥스에서 자신의 파시즘 비판 연설을 전달하는 데 채플린은 사운드가 최적의 수단이 될 거라 확신했습니다.

실천 & 사회 변혁을 다룬 영화들

클라우드 아틀라스 Cloud Atlas(2012)

각본/감독 워쇼스키 자매, 톰 티크베어
주연 톰 행크스, 배두나, 할리 베리

아마도 이 책에서 가장 많이 언급된 영화가 아닐까 하는데, 여기에는 그럴 듯한 이유가 있습니다. 이 영화는 눈부신 영상미, 화려한 출연진과 함께 실천과 존재의 본질, 성 정체성, 운명 등 광범위한 주제를 다양한 각도에서 다룬 할리우드 대작입니다. 여러 등장인물이 시공간을 넘나들어 연령과 성, 인종 등을 바꿔가며 인간의 생존과 기본권을 위해 모든 것을 걸고 싸웁니다.

노마 레이 Norma Rae(1979)

감독 마틴 리트
각본 해리엇 프랭크
주연 샐리 필드, 보 브리지스, 론 라이브먼

방직공장에서 일하는 주인공이 근무환경 개선을 위해 노동조합을 조직하려 하자, 사방에서 압박이 들어옵니다. 풀뿌리 운동이 우리 삶에 어떤 변화를 가져오는지 탁월하게 보여준 수작입니다.

필라델피아 Philadelphia(1993)

감독 조나단 드미 **각본** 론 니스워너

주연 톰 행크스, 덴젤 워싱턴, 메리 스틴버겐

AIDS에 감염된 게이 변호사가 자신의 성 정체성과 질병 때문에 부당하게 해고되고, 이 사실이 공공연하게 대중에게 알려지는 굴욕을 당하자 고용주를 고소해 법정 다툼을 벌입니다. 동성연애와 AIDS에 관련된 편견을 다룬 작품으로는 최초로 널리 알려진 영화 중 하나입니다.

러빙 Loving(2016)

각본/감독 제프 니콜스 **주연** 루스 네가, 조엘 에저튼, 닉 크롤

이 장에서 소개된 대부분의 영화가 무리의 힘, 사회운동의 힘을 다루는 반면 제프 니콜스의 이 기념비적 전기영화는, 밀드레드와 리처드 러빙 부부의 인종 간 결혼을 소재로 우리가 매일같이 마주하는 일상의 공포와 탄압을 그립니다. 특별할 것 없는, 현실적인 삶에 근거한 사랑 영화이기에 더욱 더 공감할 수 있는 영화입니다.

밀크 Milk(2008)

감독 구스 반 산트 **각본** 더스틴 랜스 블랙

주연 숀 펜, 조쉬 브롤린, 에밀 허쉬

〈밀크〉는 캘리포니아 최초의 게이 정치가인 샌프란시스코 시의원 하비 밀크의 삶과 죽음을 그립니다. 소수의 싸움에서 최전선에 서는 자들의 용기와 이상, 그리고 그들이 마주해야 하는 위험을 보여주는, 무겁지만 밝은 교훈을 전하는 영화입니다.

브이 포 벤데타 V for Vendetta(2005)

감독 제임스 맥티그 **각본** 워쇼스키 자매
주연 나탈리 포트만, 휴고 위빙, 스티븐 레아

"브이"라는 이름 외의 모든 것이 수수께끼인 한 자경단원이, 동성애자와 이슬람교도 등 국가의 적으로 분류된 이들을 가두거나 처형하는 독재 정부를 전복할 목적으로 외로운 싸움을 벌입니다. 〈브이 포 벤데타〉는 영화 자체만으로도 흥미진진한 판타지인 동시에 인간의 이성이 상황에 따라 어떻게, 또 얼마나 타락할 수 있는지 보여주는 반면교사 역할을 합니다.

똑바로 살아라 Do the Right Thing(1989)

각본/감독 스파이크 리
주연 스파이크 리, 대니 에일로, 오시 데이비스

스파이크 리 감독의 이 기념비적 영화는 우리에게 많은 생각할 거리를 던져줍니다. 어느 더운 여름날, 그동안 꾹꾹 쌓여온 인종차별에 대한 앙금이 브루클린 베드—스투이 지역의 한 작은 피자 가게에서 폭발하고 맙니다. 우리가 싸워야 하는 가장 큰 적은 때로 우리 외부가 아니라 내부에 있는 양심일 수도 있습니다.

위대한 독재자 The Great Dictator(1940)

각본/감독 찰리 채플린
주연 찰리 채플린, 파울레트 고다드, 잭 오키

채플린 최고의 걸작인 〈위대한 독재자〉는 아직 풍자가 대중화되지 않은 시대에 히틀러를 소재로 만든 매우 과감한 코미디입니다. 가상의 국가를 배경으로, 영화는 한 유대계 이발사가 전쟁 영웅에서 반유대주의의 희생자로 변모하는 모습을 따라갑니다. 그러던 중 독재자와 닮은 외모 탓에 오해를 받자, 이발사는 이를 기회 삼아 세상에 평화와 관용을 퍼뜨리기로 결심합니다.

감사의 말

ACKNOWLEDGMENTS

영화를 보는 행위는 많은 돈과 시간, 인내를 필요로 합니다. 그동안 다른 누군가의 지원과 응원이 없었다면 저는 이토록 많은 영화를 보지 못했을 겁니다. 없는 돈을 쥐어짜 셀 수 없이 극장 문을 드나들 때도, 근처에서 개봉하지 않은 〈로얄 테넌바움 The Royal Tenenbaums〉을 보기 위해 30㎞는 족히 떨어진 곳까지 차를 타고 가야 했을 때도, 저라는 사람의 개인적인 열정에 조건 없는 지지를 보내준 건 역시 가족이었습니다. 집에서 정한 영화 보는 날에 저는 멋대로 데이비드 린치 감독의 영화를 틀기도 했습니다. 어머니, 아버지, 엘리자베스, 니콜… 여러분은 단 한 번도 싫다고 말하지 않았죠. 덕분에 저는 지금의 제가 될 수 있었습니다.

엘리자베스. 우리 가족이 힘든 시기를 보낼 때 우린 함께 비디오 가게에 가곤 했지. 그렇게 위안을 받았던 시절로 돌아가고 싶다는 생각을 얼마나 많이 했는지 몰라. 이제는 비디오 가게가 없어져서 아쉬워.

니콜. 덕분에 누구도 보여주지 않았던 세계를 볼 수 있었어. 산타 바바라에서 보았던 〈물랑 루즈 Moulin Rouge〉가 아직도 기억나. 우린 그 영화의 단점까지도 사랑했지. 내가 아무리 괴짜같이 굴어도 다 받아준 덕분에 난 괴짜로 살아도 괜찮다는 걸 깨달았어.

아버지. 영화는 야구 말고 아버지와 제가 언제든 함께 나눌 수 있는 취미였죠. 세상이 어떻게 돌아가든, 우리에겐 영화가 있었어요. 크리스마스 때 본 〈더 브레이브 True Grit〉가 그 사실을 다시금 일깨워 주었죠.

어머니. 어머니는 제 세상의 전부나 다름없어요. 어머니와 영화를 보러간 적이 그렇지 많지는 않지만, 괜찮아요. 우리 가족이 여기까지 오는 동안 고생 많으셨고, 제가 지금의 삶을 살게 된 건 모두 어머니 덕이에요. 그 보답으로 〈해롤드와 쿠마 Harold & Kumar Go To White Castle〉를 보여드린 거예요. 역시 아들밖에 없죠?

어린 시절 제게 이 길을 보여주고, 그로 인해 앞으로의 제 삶이 엉망으로 되는 초석을 깔아 준 이는 댄 삼촌이었습니다. 대략 제가 11살이었던 때로 기억해요. 어느 날 삼촌이 플레이스테이션용 〈이블 데드 Evil Dead〉 게임을 가져왔고, 아마 그때 이후였을 거예요. 제가 삼촌의 판단력에 의심을 품기 시작한 건. 어쨌든, 삼촌이 아니었다면 제가 어린 시절부터 진지하게 영화를 접하는 일은 없었을 겁니다. 이후 저를 어둠에서 구해주고 영화의 길을 함께 걸어 준 이는 아빠곰, 안드레 파웰이었습니다. 당신은 한 번도 저를 포기한 적 없었죠. 앞으로도 변치 않을 거라는 걸 잘 알아요.

조 맥브라이드는 상황에 맞는 인용(거기에 때때로 들어가는 적절한 에피소드)이 얼마나 중요한지 제게 알려주었습니다. 그분의 통찰력과 지도

가 없었다면 저는 여전히 건방진 영화학도에 지나지 않았을 겁니다.
저를 설득해 이 책을 쓰게 한 사람은 바로, 고귀한 영감의 전파자이자 영원한 우아함의 상징으로 남을 브렌다 맥나이트입니다. 우리가 함께 떠났던 영화 여행을 생각하면 참 기묘하죠. 앞으로도 평생 잘 부탁드린다는 의미에서 건배!

제시 맥러드는 영화의 무한한 가능성을 제게 다시 한 번 상기시켜준 사람입니다. 우리는 영화에서 힘과 웃음과 우정, 그리고 무엇보다 사랑을 발견할 수 있습니다(이 책을 쓰는 동안 내 목숨을 부지시켜 줘서 고마워요!).

이외에도 그동안 많은 짜증을 감내하며 저와 함께 영화를 경험해 준 수많은 이들이 있습니다. 저와 함께 웃고, 저와 함께 울고, 저와 함께 찬란한 예술의 위대함을 목도하며 경이를 표했던 그 모든 분들에게 감사하다는 말을 전합니다. 그 모든 영화와 그 모든 순간을 소중히 간직하겠습니다. 언제까지나.

짧지만 위대한

명대사

펴낸이 유재영
펴낸곳 인벤션
지은이 제임스 샤이블리
옮긴이 임태현
기 획 인벤션
편 집 이준혁

1판 1쇄 2019년 9월 20일
1판 2쇄 2021년 6월 30일
출판등록 1987년 11월 27일 제10-149

주 소 04083 서울 마포구 토정로 53(합정동)
전 화 324-6130, 324-6131
팩 스 324-6135

E-메일 dhsbook@hanmail.net
홈페이지 www.donghaksa.co.kr, www.green-home.co.kr
페이스북 facebook.com/inventionbook

ISBN 978-89-7190-687-3 03680

※ 잘못된 책은 구매처에서 교환하시고, 출판사 교환이 필요할 경우에는 사유를 적어 도서와 함께 위의 주소로 보내주세요.
※ 인벤션은 주식회사 동학사의 디비전입니다.